IA para la educación teológica

I0143052

IA para la educación teológica

bajo la supervisión de
Thomas E. Phillips

Elementos esenciales de la teología

Library of Congress Cataloging-in-Publication Data
Datos de catalogación en publicación de la Biblioteca
del Congreso

Thomas E. Phillips (creador).
[AI for Theological Education / Thomas E. Phillips]
AI para la educación teológica / Thomas E. Phillips

122 + xiii pp. cm. 12.7 x 20.32
ISBN 979-8-89731-503-1 (Libro de bolsillo)
ISBN 979-8-89731-138-5 (E-libro)
ISBN 979-8-89731-140-8 (Kindle)

1. Educación teológica — Innovaciones tecnológicas
2. Educación religiosa — Innovaciones tecnológicas
3. Seminarios — Planes de estudio — Innovaciones
tecnológicas

BV4019 .P55 .S6 2025

*Este libro está disponible en otros idiomas en
www.DTLPress.com*

Imagen de portada: Revisión generada por IA de la pintura de
Miguel Ángel de Dios extendiendo la mano a Adán.
Crédito de la foto: Personal de DTL, utilizando IA.

DTL

Contenido

Prefacio de la Serie

La inteligencia artificial (IA) está cambiando todo, incluida la educación y la investigación teológica. Esta serie, *Elementos esenciales de la teología (Theological Essentials)*, está diseñada para aprovechar el potencial creativo de la IA en el ámbito de la educación teológica. En el modelo tradicional, un académico con dominio del discurso teológico y una trayectoria docente exitosa pasaría varios meses —o incluso años— escribiendo, revisando y reescribiendo un texto introductorio. Luego, este texto sería transferido a una editorial que invertiría meses o años en los procesos de producción. Aunque el producto final era predecible, este proceso lento y costoso elevaba el precio de los libros de texto. Como resultado, los estudiantes de países desarrollados pagaron más de lo debido por los libros, y los estudiantes de países en desarrollo generalmente no tuvieron acceso a estos libros de texto (de costo prohibitivo) hasta que aparecieron como descartes y donaciones décadas después. En generaciones anteriores, la necesidad de garantizar la calidad —en forma de generación de contenido, revisión experta, edición y tiempo de impresión— pudo haber hecho inevitable este enfoque lento, costoso y excluyente. Sin embargo, la IA lo está cambiando todo.

Esta serie es diferente; está creada por IA. La portada de cada volumen identifica la obra como "creada bajo la supervisión de" un experto en el campo. Sin embargo, esa persona no es un autor en el sentido tradicional. El creador de cada volumen ha sido capacitado por el personal de la Digital Theological Library (DTL) en el uso de IA y ha empleado la IA para generar, editar, revisar y recrear el texto que se presenta. Con este proceso de creación claramente identificado, presentamos los objetivos de esta serie.

Nuestros Objetivos

Credibilidad: Aunque la IA ha logrado—y sigue logrando—avances significativos en los últimos años, ninguna IA sin supervisión puede crear un texto verdaderamente confiable o plenamente acreditado a nivel universitario o de seminario. Las limitaciones del contenido generado por IA a veces surgen de deficiencias en los datos de entrenamiento, pero más a menudo la insatisfacción de los usuarios con el contenido generado por IA proviene de errores humanos en la formulación de indicaciones (prompt engineering). DTL Press ha trabajado para superar ambos problemas contratando académicos con experiencia reconocida para supervisar la creación de los libros en sus respectivas áreas de especialización y capacitándolos en el uso de IA para la generación de contenido. Para mayor claridad, el académico cuyo nombre aparece en la portada ha creado el volumen, generando, leyendo, regenerando, releyendo y revisando el trabajo. Aunque el contenido ha sido generado en diversos grados por IA, la presencia de los nombres de nuestros académicos en la portada garantiza que el contenido es tan confiable como cualquier otro texto introductorio elaborado mediante el modelo tradicional.

Accesibilidad económica: DTL Press está comprometida con la idea de que el costo no debe ser una barrera para el conocimiento. *Todas las personas tienen el mismo derecho a aprender y comprender.* Por ello, todas las versiones electrónicas de los libros publicados por DTL Press están disponibles de forma gratuita en las bibliotecas de la DTL, y las versiones impresas se pueden obtener por un precio nominal. Expresamos nuestro agradecimiento a los académicos que contribuyen con su labor y han optado por renunciar a los esquemas tradicionales de regalías. (Nuestros creadores reciben compensación por su trabajo generativo, pero no perciben regalías en el sentido tradicional).

Disponibilidad global: DTL Press desea ofrecer libros de texto introductorios de alta calidad y bajo costo a todos, en todo el mundo. Los libros de esta serie están disponibles de inmediato en varios idiomas. DTL Press creará traducciones a otros idiomas si se solicita. Las traducciones son, por supuesto, generadas por IA.

Nuestras Limitaciones Reconocidas

Algunos lectores probablemente pensarán: "pero la IA solo puede producir investigación derivativa; no puede crear estudios innovadores y originales." Esta crítica es, en gran medida, válida. La IA se limita principalmente a agrupar, organizar y reformular ideas preexistentes, aunque en ocasiones de formas que pueden acelerar y refinar la producción de nuevas investigaciones. Aun reconociendo esta limitación inherente, DTL Press ofrece dos comentarios: (1) Los textos introductorios rara vez buscan ser innovadores en su originalidad y (2) DTL Press cuenta con otras series dedicadas a la publicación de investigación original con autoría tradicional.

Nuestra Invitación

DTL Press busca transformar el mundo de la publicación académica en el ámbito teológico de dos maneras. En primer lugar, queremos generar textos introductorios en todas las áreas del discurso teológico, de modo que nadie se vea obligado a "comprar un libro de texto" en ningún idioma. Nos imaginamos un futuro en el que los profesores puedan utilizar uno, dos o incluso una serie completa de estos libros como textos introductorios en sus cursos. En segundo lugar, buscamos publicar monografías académicas con autoría tradicional para su distribución gratuita en acceso abierto, dirigidas a una audiencia académica avanzada. Finalmente, DTL Press es una editorial no confesional, por lo que publicará obras en cualquier área de los estudios religiosos. Los libros de autoría tradicional son sometidos a revisión por pares, mientras que la creación de libros introductorios generados por IA está abierta a cualquier experto con la preparación adecuada para supervisar la generación de contenido en su respectiva área de especialización.

Si compartes el compromiso de DTL Press con la credibilidad, accesibilidad económica y disponibilidad global, te invitamos a participar en esta iniciativa y contribuir a cambiar el mundo de la publicación teológica, ya sea a través de esta serie o mediante libros de autoría tradicional.

Con grandes expectativas,

Thomas E. Phillips

Director Ejecutivo de DTL Press

www.thedtl.org

Prólogo del autor

La IA lo está cambiando todo, incluso las ecologías increíblemente resistentes al cambio de la educación superior y la teológica. Si bien no poseo la visión divinamente inspirada de un profeta sobre el futuro ni la perspectiva privilegiada de un tecnólogo sobre el próximo gran avance, creo que ocupo una posición que me permite ofrecer consejos limitados sobre IA al educador teológico curioso, pero en gran medida inexperto.

En resumen, escribiendo al estilo del "discurso del necio" de Pablo en 2 Corintios, aunque reconozco plenamente las limitaciones de mi propia comprensión y habilidades, tengo una experiencia superior a la de un principiante en las dos áreas del discurso abordadas en este pequeño libro. Por un lado, he dedicado las últimas tres décadas a la educación teológica, incluyendo dos décadas como profesor y estudioso del Nuevo Testamento y otra década completa como director ejecutivo de la Biblioteca Teológica Digital. Tengo un doctorado en Nuevo Testamento (SMU, 1998) y he publicado extensamente sobre estudios bíblicos. Por otro lado, tengo una Maestría en Sistemas de Información (Drexel, 2012) y he estado en estrecha colaboración con muchos líderes mundiales en tecnologías de la información durante los últimos años. Con esto termino el discurso del tonto.

Por lo tanto, ofrezco este libro a educadores teológicos como alguien que tiene un pie en la educación teológica y quizás otro en el mundo de la tecnología. Ofrezco este trabajo como consejo de un principiante a un principiante. Esto es lo que espero lograr con este libro:

* Explicar qué es la IA y cómo funciona;

* Explicar cómo académicos e instituciones académicas líderes utilizan la IA para promover sus misiones y trabajo;

* Analizar algunas de las cuestiones filosóficas, éticas y teológicas asociadas con la existencia y el uso de la IA; y

* Ofrecer orientación práctica sobre el uso de la IA.

Reconozco que gran parte del libro, en particular las discusiones más técnicas, fue compuesto con gran ayuda de la IA (aunque soy totalmente responsable de cada palabra de este libro). Muchos lectores encontrarán algunas secciones del libro, en particular algunos de los primeros capítulos sobre la tecnología de la IA, bastante etéreas (quizás francamente desconcertantes) o incluso aburridas. Quienes se encuentren fantaseando con estos primeros capítulos pueden pasar directamente a las partes posteriores, más prácticas y utilitarias. Algunos lectores creerán que he "enterrado la introducción" —o al menos que he pospuesto la entrega de lo que más necesitan— hasta el final. Solo puedo dar fe de que, en mi caso, el uso de la IA ha despertado un deseo cada vez mayor de comprender cómo funciona tan eficazmente. A su vez, mi creciente comprensión de la IA ha alimentado un aumento correspondiente en mi deseo de dominar el uso de esta increíble tecnología. Cuanto más uso la IA, más quiero entenderla. Cuanto más la entiendo, más quiero usarla.

Finalmente, permítanme complementar este testimonio personal diciendo que la misión de la Biblioteca Teológica Digital (Digital Theological Library DTL), que tengo el privilegio de dirigir, es ayudar a todos a participar en una reflexión autocrítica sobre su propia fe y en un diálogo humilde con quienes profesan otras tradiciones. Si comparten esta misión, confío —y tengo la esperanza— en que este libro les será útil. Tengo plena confianza en que la IA les será útil.

Thomas E. Phillips
(Autor tradicional)

Introducción
¿Por qué este libro ahora?

La inteligencia artificial ya no es un tema exclusivo de los departamentos de informática ni de los centros de investigación de Silicon Valley. Ha entrado en los pasillos de nuestras aulas, en las rutinas de nuestra investigación y en las políticas de nuestras instituciones. Para los educadores y administradores que trabajan en contextos académicos con una fuerte influencia espiritual, esta emergencia plantea preguntas vitales, no solo sobre cómo usamos la IA, sino también sobre en quiénes nos estamos convirtiendo en su presencia.

Este libro está dirigido a quienes se comprometen con la formación de personas y comunidades mediante una educación basada en valores espirituales. Ya sea que su institución tenga afiliación religiosa, sea interreligiosa o esté basada en compromisos más amplios con la dignidad humana y la indagación ética, probablemente ya se estén enfrentando a las oportunidades y tensiones que presenta la IA.

No necesitas ser tecnólogo para beneficiarte de este trabajo. Si te interesa una educación que nutra a la persona en su totalidad (intelecto, carácter y espíritu), esta guía es para ti. Tanto si te entusiasma la innovación como si te preocupa la disrupción, espero que estos capítulos te capaciten para responder con claridad, sabiduría y propósito.

Nos encontramos en una encrucijada cultural, donde las tecnologías digitales y la indagación espiritual deben dialogar de nuevas maneras. Espero que este libro nos acompañe en ese camino compartido.

Parte I
Entendiendo la Inteligencia Artificial

Capítulo 1
¿Qué es la IA y cómo funciona?

La Inteligencia Artificial (IA) ha pasado rápidamente de los márgenes del desarrollo tecnológico al centro de la experiencia cotidiana. Antaño dominio de la ficción especulativa o de laboratorios de investigación especializados, la IA ahora permea las estructuras de la educación, la comunicación, la gobernanza y la interacción social. En instituciones educativas moldeadas por valores y compromisos espirituales —ya sea arraigados en tradiciones religiosas particulares o, más ampliamente, en prácticas de construcción de significado, discernimiento y formación—, este cambio conlleva profundas implicaciones. *La IA no es simplemente una herramienta; es un fenómeno complejo que transforma las prácticas y los propósitos del aprendizaje.* Afecta nuestra forma de enseñar, evaluar, investigar e incluso nuestra visión de la mente humana y su relación con la tecnología.

Para comenzar esta exploración, es necesario ofrecer una explicación clara y accesible de qué es la IA y cómo funciona. Si bien el campo de la IA es amplio y técnico en muchas de sus dimensiones, una comprensión básica puede capacitar a educadores y líderes institucionales para tomar decisiones informadas, reflexivas y con fundamento ético sobre su uso. Este capítulo ofrece dicha visión general, priorizando la claridad conceptual sobre la profundidad técnica.

La inteligencia artificial se refiere, en términos generales, al desarrollo de sistemas informáticos capaces de realizar tareas tradicionalmente asociadas con la inteligencia humana. Estas tareas incluyen procesar el lenguaje, identificar patrones, reconocer información visual, realizar predicciones basadas en datos y participar en actividades de resolución de problemas. Si bien el término "inteligencia artificial" puede evocar imágenes de máquinas conscientes o robots con apariencia humana, los sistemas de IA contemporáneos no poseen consciencia, autoconciencia ni intención. Más bien, simulan aspectos de la cognición mediante modelos estadísticos y capacidad computacional. Son herramientas —si bien extraordinariamente potentes— que pueden emular ciertas formas de aprendizaje, razonamiento y generación de lenguaje.

Entre los avances más significativos en el panorama contemporáneo de la IA se encuentra el auge del aprendizaje automático. Este aprendizaje implica el uso de algoritmos que permiten a las computadoras detectar patrones y mejorar su rendimiento en tareas específicas mediante la exposición a datos. En lugar de seguir un conjunto rígido de instrucciones preprogramadas, los sistemas de aprendizaje automático se adaptan en función de la información que procesan. Una forma particular de aprendizaje automático, conocida como aprendizaje profundo, se basa en redes neuronales artificiales, que se inspiran vagamente en la estructura del cerebro humano. Estas redes consisten en capas de nodos interconectados a través de los cuales fluyen y se transforman los datos, lo que permite al sistema realizar predicciones o clasificaciones cada vez más precisas.

Estrechamente relacionado con este desarrollo se encuentra el campo del procesamiento del lenguaje natural (PLN), que se centra en permitir que las computadoras comprendan, interpreten y generen lenguaje humano. El PLN impulsa una amplia gama de herramientas, desde la traducción predictiva de texto y lenguaje hasta agentes conversacionales y asistentes de escritura. Un ejemplo notable es el modelo de lenguaje extenso (GPT), como la serie GPT desarrollada por OpenAI, que puede generar texto coherente y contextualizado en una amplia variedad de temas. Estos modelos generativos han cobrado especial influencia en el ámbito educativo, donde se utilizan para la creación de contenido, la enseñanza de idiomas, el apoyo a la escritura y las tareas administrativas.

Aunque la IA suele concebirse de forma abstracta, ya está profundamente arraigada en las prácticas educativas cotidianas. Muchos sistemas de gestión del aprendizaje se basan en la IA para personalizar las experiencias de los estudiantes, automatizar la calificación o identificar a los estudiantes en riesgo. Las aplicaciones basadas en IA facilitan la detección de plagio, la accesibilidad (como la transcripción o las herramientas de texto a voz) y la previsión administrativa. En contextos más experimentales, los educadores utilizan la IA para codiseñar programas de estudio, generar listas de lectura e incluso simular diálogos en el aula. En resumen, la IA no es una innovación lejana: ya está transformando el panorama educativo, a veces de forma invisible.

La expansión de la IA en la vida académica genera tanto entusiasmo como preocupación. Por un lado, estas tecnologías ofrecen eficiencias sin precedentes, posibilidades creativas y vías de inclusión. Pueden reducir la carga administrativa, proporcionar retroalimentación en tiempo real a los estudiantes y mejorar la participación multilingüe. Por otro lado, la integración de la IA plantea serias cuestiones éticas. Las preocupaciones sobre la vigilancia, los sesgos, la automatización del juicio y la erosión de la interacción personal son cada vez más urgentes. En entornos educativos con orientación espiritual, estas preocupaciones adquieren aún mayor relevancia, al cruzarse con cuestiones sobre la dignidad humana, la autonomía moral y el cultivo de la sabiduría.

Desde una perspectiva espiritual, la IA también invita a reflexionar sobre el significado de ser humano. Si la inteligencia puede simularse, ¿qué distingue la comprensión auténtica de los resultados pautados? ¿Cuál es el papel de la intuición, la empatía y el discernimiento —cualidades que suelen ser fundamentales para la formación espiritual— en un contexto donde las máquinas parecen "aprender" y "responder"? Estas preguntas no son meramente teóricas. Determinan cómo los educadores definen los resultados del aprendizaje, cómo las instituciones definen la integridad y cómo las comunidades de aprendizaje navegan entre la innovación tecnológica y la profundidad espiritual.

Es fundamental reconocer que los sistemas de IA no son neutrales. Llevan la impronta de sus creadores: sus suposiciones, valores y sesgos culturales. Las decisiones algorítmicas suelen reflejar patrones más amplios de desigualdad y exclusión, incluso cuando operan bajo la apariencia de objetividad. Para los educadores comprometidos con la indagación espiritual y ética, esta realidad exige no solo conocimiento técnico, sino también atención moral. La IA debe examinarse no solo por lo que hace, sino por lo que revela sobre los sistemas y las sociedades que la producen.

Este libro parte de la convicción de que la reflexión espiritual y ética debe ser fundamental en nuestra interacción con las tecnologías emergentes. El objetivo no es rechazar la IA ni aceptarla acríticamente, sino cultivar una actitud de compromiso con discernimiento. En las comunidades educativas moldeadas por valores espirituales —ya sean valores que surjan de tradiciones religiosas, prácticas contemplativas o compromisos filosóficos con el desarrollo humano—, las cuestiones en torno a la IA deben abordarse con valentía, claridad y compasión.

En los capítulos siguientes, examinaremos aplicaciones específicas de la IA en la docencia, la investigación, la gobernanza institucional y la reflexión ética. Este capítulo inicial ha buscado sentar las bases conceptuales: definir la inteligencia artificial, explicar sus mecanismos básicos y comenzar a articular los desafíos que implica su uso. La IA ya no es opcional. Pero la forma en que la entendamos e implementemos sigue siendo abierta y profundamente relevante. Como educadores con una actitud espiritualmente atenta, estamos llamados no solo a adaptarnos a las nuevas herramientas, sino también a moldear su uso a la luz de los valores que más apreciamos.

Capítulo 2
Cómo se crea un modelo de lenguaje grande
El desarrollo y la formación de LLM

Si bien la inteligencia artificial es un campo amplio y en constante evolución, el desarrollo más transformador que impacta la educación actual es la aparición del Modelo de Lenguaje Amplio (LLM). Estos modelos, ahora parte integral de asistentes de escritura, herramientas educativas, sistemas de apoyo a la investigación y agentes conversacionales, están transformando la forma en que los educadores interactúan con el lenguaje y la información. En instituciones con una base espiritual, donde la indagación intelectual se entrelaza con el propósito formativo, comprender cómo se crean los LLM es esencial para una participación responsable.

Un Modelo Lingüístico Grande (MLM) es un tipo de inteligencia artificial entrenada para generar e interpretar el lenguaje humano natural. En esencia, funciona como un generador probabilístico de palabras: dado un texto inicial, el modelo calcula qué palabra (o fragmento de palabra) tiene mayor probabilidad estadística de aparecer a continuación, basándose en patrones aprendidos a partir de grandes cantidades de datos de entrenamiento. *Un modelo es "grande" por dos razones: primero, la cantidad y diversidad de datos textuales que procesa, y segundo, la cantidad de parámetros internos — a menudo miles de millones — que utiliza para realizar predicciones lingüísticas.*

El desarrollo de un Máster en Derecho (LLM) comienza con la recopilación de enormes conjuntos de datos. Estos suelen consistir en textos públicos de libros, sitios web, enciclopedias, redes sociales, foros y recursos educativos abiertos. En muchos casos, los datos abarcan múltiples idiomas, géneros y disciplinas, lo que refleja la compleja y compleja expresión humana. Sin embargo, esta escala también conlleva riesgos éticos. Dado que los datos se extraen de internet y otras fuentes públicas, pueden incluir material sesgado, ofensivo o engañoso. Estas limitaciones no son simplemente técnicas, sino éticas y epistemológicas, y son de gran importancia para las instituciones que fundamentan la educación en la responsabilidad espiritual.

Una vez compilado un conjunto de datos, se procesa mediante una serie de pasos para prepararlo para el entrenamiento. Esto comienza con la limpieza: se eliminan entradas duplicadas, se elimina el contenido irrelevante, se corrige el texto corrupto y se normalizan la puntuación y los conjuntos de caracteres. A continuación, el texto se tokeniza, es decir, se divide en unidades más pequeñas que el modelo puede manipular. Estas unidades, llamadas tokens, suelen ser palabras completas, segmentos de subpalabras o símbolos, según el *diseño del tokenizador*. Por ejemplo, la frase "El espíritu inspira el aprendizaje" puede dividirse como se muestra en la Figura 2.1.

Figura 2.1 — Tokenización de una oración de muestra
Oración original: "El espíritu inspira el aprendizaje".
Tokenizados: "El", "Ġespíritu", "Ġinspira", "Ġaprendizaje", "."

Figura 2.1. La tokenización divide una oración en unidades que el modelo puede comprender. El símbolo "Ġ" (un indicador de espacio en la codificación por pares de bytes) muestra dónde comienzan las palabras. Las palabras menos comunes pueden dividirse aún más; por ejemplo, "inspiración" podría convertirse en [" Ġin ", "spiración"].

Convertir tokens en números

Una vez tokenizada una oración, el modelo aún no puede "comprender" estos tokens a menos que se traduzcan a números. Los modelos de aprendizaje automático procesan los datos matemáticamente, no lingüísticamente. Para solucionar este problema, cada token se asigna a un identificador numérico único mediante una lista de vocabulario predefinida. Este proceso es similar a asignar a cada palabra o fragmento de palabra un índice en un diccionario muy extenso. Por ejemplo, el token "The" podría asignarse a 4321," Ġspirit" a 9823 y "." a 7. Esta asignación crea una secuencia de entrada de números enteros que puede introducirse en el modelo.

Sin embargo, el mapeo simple de enteros no es suficiente. El modelo aún necesita una forma de comprender las relaciones entre estos números. Para ello, el ID de cada token se pasa a través de una capa de incrustación, una función matemática que convierte el entero en un vector de alta dimensión. Estos vectores están diseñados para que las palabras semánticamente similares se ubiquen cerca unas de otras en el espacio vectorial. Por ejemplo, las palabras "aprendizaje", "educación" y "estudio" podrían terminar agrupadas, aunque sus ID de token originales sean arbitrarios. El espacio de incrustación se convierte en una especie de mapa conceptual, construido a partir de correlaciones estadísticas en los datos de entrenamiento.

Mediante esta transformación, los tokens pasan de ser cadenas de texto a números indexados y, finalmente, a vectores numéricos. Estos vectores contienen el significado estadístico y contextual de cada token, lo que permite al modelo compararlos, ponderarlos y realizar predicciones probabilísticas sobre cuáles deberían seguir en una secuencia dada.

La tokenización y la incrustación son pasos fundamentales en el proceso de aprendizaje. Una vez completadas, estas incrustaciones se pasan a la arquitectura del modelo, que generalmente se basa en el transformador, un diseño de red neuronal introducido en 2017 que permite al modelo atender a diferentes partes de una oración simultáneamente. Durante el entrenamiento, el modelo recibe una secuencia de incrustaciones de tokens y se le asigna la tarea de predecir el siguiente token en esa secuencia. Por ejemplo, dada la entrada "El espíritu inspira", el modelo intenta adivinar que "aprendizaje" es la siguiente palabra más probable. Lo hace mediante ensayos repetidos, ajustando gradualmente los parámetros internos para reducir su error de predicción. Este proceso de optimización, conocido como descenso de gradiente, permite al modelo mejorar sus predicciones con el tiempo al ajustar cómo pondera varias relaciones de tokens.

Este proceso de entrenamiento se repite miles de millones de veces utilizando una potente infraestructura informática y vastos conjuntos de datos. Al final de esta fase, conocida como preentrenamiento, el modelo es capaz de generar un lenguaje coherente y contextualmente adaptable para una amplia variedad de temas. Sin embargo, en esta etapa aún es un modelo de propósito general y no está optimizado para la interacción ni para tareas específicas.

Para perfeccionar su rendimiento y alinearlo mejor con las expectativas humanas, los desarrolladores suelen aplicar una segunda fase llamada ajuste. Esta puede implicar entrenar el modelo con conjuntos de datos más especializados y seleccionados, como textos académicos, escritos teológicos o literatura científica. En muchos casos, se utiliza un método conocido como Aprendizaje por Refuerzo a partir de la

Retroalimentación Humana (RLHF). En este método, los evaluadores humanos interactúan con el modelo, clasifican sus resultados y lo guían hacia respuestas más útiles, seguras o adecuadas al contexto. Este paso es especialmente importante en el ámbito educativo, donde la sutileza, el tono y la claridad son cruciales.

El modelo final se implementa entonces para los usuarios mediante aplicaciones como chatbots, asistentes de escritura, sistemas de búsqueda o herramientas integradas en entornos de aprendizaje digital. Si bien puede parecer que "entiende" el lenguaje o "conoce" su tema, es importante recordar que el modelo carece de consciencia, intención o percepción espiritual. No es un ser sintiente, ni posee razonamiento moral ni humildad epistémica. Responde a las indicaciones simulando el lenguaje basándose en la probabilidad estadística, no en la comprensión ni la convicción.

Para los educadores con atención espiritual, esta distinción es crucial. Un Máster en Derecho (LLM) puede generar una reflexión profunda sobre el amor, la justicia o la condición humana, pero lo hace sin sentimiento, creencia ni discernimiento. Puede imitar la oración o la argumentación teológica sin involucrarse en ninguna forma de vida interior o responsabilidad comunitaria. Su brillantez es funcional, no espiritual.

Sin embargo, estas herramientas pueden utilizarse de forma reflexiva y ética en entornos académicos. Pueden favorecer la comunicación multilingüe, agilizar las tareas administrativas, contribuir al diseño curricular y ofrecer nuevas formas de participación estudiantil. Sin embargo, su integración debe regirse por valores espirituales: el cuidado integral de la persona, el compromiso con la justicia, el discernimiento de la verdad y la humildad ante el misterio.

Este capítulo ha presentado el proceso de desarrollo de un Modelo de Lenguaje Grande (LLM), desde la recopilación masiva de datos y su tokenización, hasta la integración, el entrenamiento computacional y el ajuste preciso guiado por personas. A medida que avanzamos al siguiente capítulo, que examina cómo se utiliza actualmente la IA en instituciones educativas de todo el mundo, esta comprensión fundamental servirá de guía. Al desmitificar el funcionamiento de los LLM, los educadores pueden evaluar mejor cómo y cuándo utilizarlos y, lo que es igual de importante, cómo desafiar y criticar sus limitaciones en pos de objetivos educativos y espirituales más profundos.

Capítulo 3
La IA en el mundo de la educación y las becas

El auge de la inteligencia artificial no es un evento futuro, sino una realidad presente y en constante crecimiento, ya integrada en la infraestructura de la educación superior. Desde asistentes digitales de calificación y plataformas de aprendizaje personalizado hasta herramientas de síntesis de investigación y tutores virtuales, la IA ha comenzado a transformar la forma en que se transmite, evalúa e incluso construye el conocimiento. Para educadores, académicos y líderes institucionales que trabajan en entornos con influencia espiritual, estos cambios no son meramente logísticos. Son filosóficos y formativos, y nos impulsan a reconsiderar cómo enseñamos, qué valoramos y cómo apoyamos tanto a estudiantes como a docentes en la era de las máquinas inteligentes.

Este capítulo analiza el panorama actual de la IA en la educación y la investigación académica. Identifica áreas de integración, examina los beneficios y las limitaciones de las herramientas emergentes y comienza a articular una postura con fundamento espiritual respecto al uso de la IA en el ámbito académico.

La entrada de la IA en la academia

La inteligencia artificial se incorporó a los sistemas educativos mediante un proceso gradual, prácticamente inadvertido para quienes no pertenecen al ámbito de la tecnología educativa y la informática. Los sistemas de recomendación en bibliotecas digitales, las herramientas de detección de plagio, las plataformas de aprendizaje adaptativo y los asistentes gramaticales como Grammarly existen desde hace años, impulsados por las primeras formas de aprendizaje automático. Lo que distingue al momento actual no es solo la sofisticación de estas herramientas, sino también sus capacidades generativas e interactivas. Con la llegada de los grandes modelos lingüísticos (LLM), como GPT-4, Claude y Gemini, la IA ahora es capaz de producir ensayos originales, responder preguntas complejas, calificar tareas y mantener conversaciones sostenidas. Estos modelos pueden simular la experiencia en diversas disciplinas, ofreciendo respuestas plausibles con la voz de un teólogo, historiador, filósofo o científico.

Muchas instituciones han adoptado estas herramientas a través de plataformas educativas como Duolingo, Khan Academy y Coursera, que ahora incorporan IA para ofrecer instrucción y retroalimentación personalizadas. Algunas universidades han comenzado a implementar IA como asistentes administrativos, utilizando chatbots para responder preguntas frecuentes, ayudar con la inscripción o guiar a los estudiantes en los procesos de ayuda financiera. Otras están experimentando con IA para apoyar el desarrollo curricular, especialmente para programas en línea o híbridos.

En la investigación académica, la IA se utiliza para analizar y sintetizar grandes cantidades de literatura, identificar tendencias en distintas disciplinas, sugerir citas e incluso generar borradores iniciales de prosa académica. Si bien estos usos aún están en evolución y su adopción es desigual, indican una transformación más amplia: la IA se está convirtiendo en un aliado intelectual en tareas previamente reservadas a la cognición humana.

Beneficios prácticos y oportunidades espirituales

La integración de la IA en la educación aporta importantes beneficios. El principal es la eficiencia. Las herramientas de IA pueden automatizar tareas que consumen mucho tiempo, como la calificación, la transcripción y el formato, liberando al profesorado y al personal para una mayor interacción relacional y pedagógica. Para los educadores que ya soportan una sobrecarga administrativa y docente, esta automatización puede ser profundamente liberadora.

Otro beneficio importante es la accesibilidad. Las herramientas basadas en IA pueden apoyar a estudiantes con diferentes necesidades de aprendizaje y antecedentes lingüísticos. El subtitulado automático, la traducción en tiempo real, las pruebas adaptativas y la creación de contenido multimodal permiten a las instituciones llegar a un alumnado más diverso con mayor flexibilidad y personalización. Especialmente en entornos educativos globales e interreligiosos, esta accesibilidad se alinea con los compromisos espirituales con la inclusión, la equidad y la dignidad humana.

La IA también abre posibilidades creativas. Los profesores pueden generar nuevos materiales didácticos rápidamente, simular puntos de vista opuestos en debates en clase o colaborar con los estudiantes para criticar resúmenes o interpretaciones generados por IA. Si se utilizan con inteligencia artificial, estas herramientas pueden potenciar el aprendizaje activo y el pensamiento crítico, no reemplazarlos.

Para las instituciones con formación espiritual, estas oportunidades plantean la pregunta: ¿Cómo se puede utilizar la IA no solo para impartir contenido, sino también para profundizar la formación? ¿Podría la IA contribuir a la creación de propuestas reflexivas, ejercicios espirituales o meditaciones multilingües?

¿Podría apoyar debates éticos, la facilitación del diálogo o la investigación sobre tradiciones espirituales de comunidades subrepresentadas?

Desde esta perspectiva, la promesa de la IA no es solo técnica. Puede impulsar una visión más rica, dialógica e inclusiva de la educación, si se guía por valores intencionales e imaginación espiritual.

Riesgos, limitaciones y usos indebidos

Además de sus beneficios, la IA también conlleva riesgos importantes, algunos de naturaleza técnica, otros éticos o espirituales.

Una preocupación importante es el sesgo. Dado que los sistemas de IA se entrenan con datos generados por humanos, a menudo heredan los sesgos, exclusiones y prejuicios inherentes a dichos datos. Esto puede generar distorsiones en los resultados relacionados con la raza, el género, la religión o la cosmovisión cultural. Para educadores y académicos de instituciones con arraigo espiritual, la adopción acrítica de estas herramientas podría reforzar sutilmente narrativas injustas o desequilibrios epistemológicos.

Otro riesgo es la desinformación. Los LLM generan textos que parecen plausibles, pero no saben si lo que generan es cierto. Pueden inventar referencias, tergiversar argumentos o inventar detalles históricos con confianza. Para los estudiantes, especialmente para aquellos que no están familiarizados con el material, estos errores pueden pasar desapercibidos. Para el profesorado, esto significa que cualquier uso de texto generado por IA debe ir acompañado de una rigurosa verificación humana.

En términos más generales, existe el peligro de la dependencia intelectual. Si los estudiantes se vuelven excesivamente dependientes de la IA para resumir textos, completar lecturas o redactar tareas, corren el riesgo de externalizar sus facultades interpretativas y críticas. Esto menoscaba no solo la integridad académica, sino también la formación más profunda del carácter, el juicio y la conciencia reflexiva, características distintivas de una educación con base espiritual.

Existe también una preocupación más sutil: la erosión de la relacionalidad. La educación, en su máxima expresión, es un intercambio humano: un encuentro de mentes y corazones. La sustitución generalizada de la IA por la retroalimentación docente, la colaboración entre pares o el procesamiento contemplativo puede fragmentar la naturaleza holística del aprendizaje. Un estudiante puede recibir respuestas rápidas y fluidas de un tutor de IA, pero esas respuestas carecen de empatía, intuición o presencia espiritual.

Hacia una postura espiritualmente arraigada

¿Cómo deberían responder, entonces, las instituciones de orientación espiritual? La tarea no consiste en rechazar la IA de plano ni en aceptarla acríticamente. Se trata de adoptar una postura de discernimiento informado.

Esta postura comienza con la concienciación: comprender cómo funcionan las herramientas de IA, de dónde extraen su conocimiento y qué limitaciones presentan. Los educadores deben estar dispuestos a cuestionar el diseño de los sistemas que utilizan, a preguntarse qué voces se priorizan, cuáles se omiten y qué epistemologías se codifican en los datos. Una pedagogía con base espiritual insiste en que esto significa importancia, no solo resultados.

En segundo lugar, el discernimiento implica políticas. Las instituciones deben articular directrices claras sobre el uso apropiado de la IA en la enseñanza, el aprendizaje y la investigación. Estas políticas deben estar condicionadas no solo por la honestidad académica, sino también por cuestiones de formación, justicia y bienestar.

Finalmente, un enfoque con base espiritual busca posibilidades dentro de ciertos límites. La IA nunca podrá reemplazar al mentor espiritual, al guía sabio ni a la comunidad perspicaz. Pero puede servir como herramienta a su servicio, proporcionando estructura, inspiración y nuevas vías de reflexión. El reto reside en integrarla de forma que se mantenga fiel a los objetivos más profundos de la educación: la búsqueda de la sabiduría, el cultivo de la compasión y la transformación del alumno.

Conclusión

La inteligencia artificial participa activamente en el mundo de la educación y la investigación. Su influencia ya es visible en flujos de trabajo, plataformas, sistemas administrativos y herramientas intelectuales. Para los educadores con espíritu de servicio, este no es momento de pánico ni de adopción pasiva. Es momento de liderazgo reflexivo.

Este capítulo ha ofrecido un panorama del uso de la IA en entornos educativos, destacando tanto sus beneficios como sus riesgos. Los capítulos siguientes explorarán con más detalle ámbitos específicos donde la IA puede apoyar la enseñanza, el aprendizaje y la investigación. Nuestra pregunta clave sigue siendo la misma: ¿Cómo podría esta tecnología contribuir a la formación integral de personas en el contexto de la educación espiritual y ética?

Parte II
La IA en la teología y trabajo académico

Capítulo 4
IA para la preparación del aula

En la educación espiritualmente formada, la enseñanza se entiende no solo como la transmisión de información, sino como una vocación formativa y relacional. Abarca la indagación intelectual, el discernimiento ético y la formación integral de la persona. Si bien se presta gran atención al momento de la instrucción, la preparación —desarrollar programas de estudio, seleccionar lecturas, diseñar tareas y estructurar el contenido— desempeña un papel igualmente esencial. Es durante la preparación que el educador medita sobre el proceso de aprendizaje, discerniendo la mejor manera de cultivar la sabiduría, la curiosidad y la integridad en el alumnado.

A medida que la inteligencia artificial se integra cada vez más en la práctica educativa, entra en este espacio preparatorio. La pregunta no es solo si se utilizarán estas herramientas, sino cómo se utilizarán. En concreto, los educadores deben preguntarse si la IA puede contribuir a mejorar, en lugar de disminuir, las dimensiones formativas de la enseñanza. ¿Puede contribuir a la labor de diseño sin socavar el discernimiento? ¿Podría apoyar a los educadores en la creación de cursos reflexivos y receptivos, anclados en la tradición espiritual y el rigor ético?

El diseño de un programa de estudios es una de las formas de trabajo académico más intensivas intelectual y espiritualmente. No es una hoja de ruta neutral, sino un documento que expresa la filosofía educativa, la orientación teológica y la misión institucional. En entornos donde la Escritura, la reflexión teológica y los textos históricos constituyen la columna vertebral del currículo, diseñar un programa de estudios a menudo implica equilibrar las fuentes antiguas con las aplicaciones contemporáneas, las preocupaciones doctrinales con la sabiduría práctica, y las creencias fundamentales con la indagación crítica.

Las herramientas de IA, en particular los modelos de lenguaje extensos, pueden ayudar a los educadores en esta etapa inicial. Dado el título y el tema general del curso, como "Perdón y Justicia en la Tradición Profética", un modelo de lenguaje puede generar un esquema preliminar del curso, sugerir temas semanales y proponer objetivos de aprendizaje. También puede recomendar lecturas de importantes figuras teológicas, pasajes bíblicos clave y fuentes secundarias. De esta manera, el educador recibe una base para construir, revisar y personalizar.

Las aplicaciones más avanzadas implican la alineación de los resultados de aprendizaje con las evaluaciones pertinentes. Si se desea que los estudiantes evalúen interpretaciones contrastantes de la expiación en textos eclesiásticos antiguos, la IA puede sugerir comparaciones escritas, diálogos dirigidos por los estudiantes o estudios de caso grupales basados en episodios bíblicos específicos, como la parábola del hijo pródigo o los relatos de la Pasión. Los modelos lingüísticos también pueden generar borradores de rúbricas, identificar posibles desafíos y recomendar secuencias de tareas para apoyar el aprendizaje escalonado a lo largo del trimestre.

Más allá de los cursos individuales, la IA puede ayudar en la planificación curricular. Un instructor que revisa un curso sobre ética del Nuevo Testamento podría introducir una serie de programas de estudio y pedirle al modelo que identifique solapamientos, la escasa representación de ciertos temas (p. ej., pobreza, género, escatología) o las oportunidades de integración con otras disciplinas, como la teología histórica o la pastoral. Esta asistencia puede ser especialmente valiosa para el profesorado más reciente o para instituciones que realizan una revisión curricular integral.

A pesar de estas posibilidades, es fundamental enfatizar que un programa de estudios no es un artefacto mecánico. Es una expresión de la identidad pedagógica. En muchas instituciones con formación espiritual, se elabora a la luz de la identidad comunitaria, la vocación institucional y una antropología teológica que considera a los estudiantes como portadores de la imagen y el potencial divinos. La IA no puede captar esta profundidad. Sus sugerencias deben interpretarse, reelaborarse y filtrarse a través del discernimiento, la tradición y la visión del educador sobre lo que constituye el aprendizaje formativo.

Además de los programas de estudio, los educadores a menudo deben preparar materiales de clase: esquemas, presentaciones, folletos y exploraciones temáticas. En este caso, las herramientas de IA pueden proporcionar inspiración y estructura. Por ejemplo, un instructor que prepara una sesión sobre el Sermón de la Montaña podría solicitar a un sistema de IA que genere una visión general de las Bienaventuranzas, establezca comparaciones con enseñanzas paralelas en la literatura profética o sugiera aplicaciones modernas en relación con la justicia, la no violencia y la misericordia. La IA también puede ayudar a adaptar el material a múltiples niveles de complejidad. Un pasaje como Romanos 5 podría resumirse para estudiantes de primer año de licenciatura, ampliarse para cursos avanzados de exégesis o traducirse en propuestas de debate para estudiantes adultos que participan en la formación espiritual.

Además, la IA puede facilitar la identificación de tensiones teológicas clave o desafíos interpretativos. En una clase sobre el juicio divino y la misericordia, por ejemplo, la IA podría proporcionar ejemplos de objeciones, interpretaciones erróneas o analogías contemporáneas de los estudiantes que el instructor podría querer abordar. También puede sugerir contrapuntos bíblicos o doctrinales; por ejemplo, comparar la narrativa del diluvio en el Génesis con las promesas del pacto de Isaías, o explorar cómo los temas de justicia retributiva y restaurativa se desarrollan en los distintos testamentos.

Aun así, estas herramientas deben manejarse con cautela. Los modelos lingüísticos no comprenden la gravedad ni la santidad de los materiales que procesan. Pueden confundir figuras, tergiversar doctrinas o basarse en fuentes con distorsiones sutiles pero significativas. Pueden, por ejemplo, mezclar las descripciones joánicas y sinópticas de Jesús sin considerar su intención teológica, o tratar la literatura apocalíptica como meramente simbólica sin abordar sus dimensiones históricas y escatológicas. Es responsabilidad del educador corregir estos errores, preservar la riqueza e integridad de la tradición que se enseña y garantizar que el uso de la IA no reduzca la profundidad espiritual a meros datos.

La IA también puede utilizarse para crear tareas, propuestas de reflexión y ejercicios de clase. Por ejemplo, un instructor que imparte un curso de teología paulina podría pedirle a la IA que genere casos prácticos que ilustren dilemas éticos reales abordados en 1 Corintios. Como alternativa, un curso sobre justicia bíblica podría basarse en escenarios generados por IA que inviten a los estudiantes a comparar las exigencias éticas de la Ley con las de las enseñanzas de Jesús. En un curso de homilética, la IA podría generar esquemas de sermones contrastantes sobre un mismo pasaje, animando a los estudiantes a evaluar la coherencia teológica, la fidelidad exegética y la eficacia retórica.

Si se utilizan correctamente, estas aplicaciones fomentan la participación y la creatividad. Sin embargo, sin supervisión, corren el riesgo de trivializar el contenido sagrado o reforzar sesgos culturales y teológicos. Una propuesta sobre el discipulado, por ejemplo, podría generar material que enfatice temas individualistas sobre los comunitarios, o que refleje solo una línea de interpretación teológica. El rol del instructor es, una vez más, central: no externalizar la pedagogía, sino profundizarla y contextualizarla mediante el uso crítico de la IA.

Uno de los usos más prácticos de la IA en la fase preparatoria es el apoyo multilingüe y multimodal. En instituciones con una población estudiantil diversa, la IA puede traducir materiales del curso, resumir lecturas complejas o producir versiones en audio de las clases. Estas ventajas pueden hacer que los cursos sean más accesibles, reducir la carga cognitiva y promover una pedagogía inclusiva. Por ejemplo, un estudiante que lea Mateo 25 en un segundo idioma podría beneficiarse de un glosario de términos generado por IA, un resumen histórico de parábolas escatológicas o una cronología visual de temas relacionados. De esta manera, la IA puede ampliar la hospitalidad del aula a quienes, de otro modo, su participación podría verse limitada por el idioma o el formato.

Aun así, la enseñanza espiritual depende de algo más que la claridad. También depende de la profundidad, los matices y la resonancia. Las herramientas de traducción pueden manejar mal el vocabulario doctrinal o pasar por alto el registro emocional del lamento y la alabanza. Los resúmenes simplificados pueden no transmitir la fuerza retórica de la literatura profética o epistolar. Por lo tanto, el educador debe prestar atención no solo a la accesibilidad, sino también a la fidelidad, asegurándose de que lo que se comparte conserve la capacidad de desafiar, convencer y transformar.

En definitiva, el uso de la IA en la preparación del aula invita a un renovado compromiso con el discernimiento. Estas tecnologías no sustituyen a los educadores, sino que requieren orientación. Su valor no reside en lo que pueden hacer, sino en la consideración con la que se utilizan. La preparación de un curso sigue siendo un acto profundamente humano y espiritual. Implica reflexión orante, atención cultural, habilidad pedagógica e imaginación teológica. En este sentido, la IA puede servir no como un sustituto, sino como un apoyo: un recurso para impulsar nuevas ideas, ampliar el alcance y reservar tiempo para el trabajo que solo el educador puede realizar.

La inteligencia artificial puede ayudar en muchos aspectos de la preparación del aula, desde el diseño del programa de estudios y el desarrollo de las clases hasta la creación de tareas y la accesibilidad lingüística. Sin embargo, su uso debe estar determinado por el compromiso del educador con una pedagogía reflexiva y con una base espiritual. La preparación no es una mera tarea técnica. Es una forma de cuidar el entorno de aprendizaje, una preparación para el encuentro con la sabiduría. Si se utiliza correctamente, la IA puede ayudar a preparar la mesa de forma más completa, pero no puede servir la comida.

El próximo capítulo pasará de la preparación a la práctica, explorando cómo la IA puede funcionar en la dinámica activa de la enseñanza y el aprendizaje. En este caso, el reto también será preservar la integridad de la relación educativa y la profundidad de la formación, al tiempo que damos cabida a la asistencia tecnológica.

Capítulo 5
IA en la enseñanza y el aprendizaje

El acto de enseñar nunca se reduce a la transmisión de contenidos. Es un encuentro relacional moldeado por la indagación compartida, el diálogo formativo y el desarrollo del carácter moral e intelectual. En entornos donde el objetivo de la educación trasciende la adquisición de conocimientos para incluir el discernimiento espiritual y el desarrollo ético, el aula se convierte en un espacio no solo de cognición, sino también de transformación. En este contexto, la irrupción de la inteligencia artificial en el contexto real de la enseñanza y el aprendizaje plantea profundas preguntas: ¿Cómo pueden los educadores utilizar la IA sin desplazar la dinámica humana esencial de la instrucción? ¿Qué tipos de aprendizaje fomenta o dificulta la IA? ¿Y de qué maneras podría contribuir, si se dirige adecuadamente, a los propósitos más profundos de la formación?

La inteligencia artificial ahora se incorpora al aula de múltiples formas. Los modelos de lenguaje integrados en chatbots ofrecen a los estudiantes explicaciones instantáneas de ideas complejas. Las plataformas de aprendizaje adaptativo ajustan el contenido en tiempo real para adaptarse al rendimiento de los estudiantes. Las simulaciones generadas por IA ofrecen estudios de caso inmersivos o reconstrucciones históricas. Incluso en entornos tradicionales, los estudiantes pueden usar herramientas de IA fuera de clase para complementar la lectura, generar apuntes o redactar reflexiones. Estos avances están transformando la experiencia del aprendizaje en tiempo real.

Entre los usos más extendidos de la IA en la enseñanza se encuentra su función como tutor o compañero de diálogo. Los estudiantes pueden plantear preguntas a un modelo sobre un pasaje bíblico, un debate doctrinal o una figura histórica y recibir una respuesta relativamente coherente. Un estudiante que lea los primeros capítulos del Génesis podría preguntar sobre las diferentes interpretaciones de las narraciones de la creación y recibir un resumen que distinga entre lecturas literalistas, poéticas y teológicas. De manera similar, un estudiante que prepare un trabajo sobre la visión de la gracia de Agustín podría recibir un relato sintetizado de los temas clave en *Confesiones* y *Sobre la naturaleza y la gracia,* junto con sugerencias para una mayor investigación. Para los estudiantes tímidos, inseguros o nuevos en el lenguaje teológico, dicho acceso puede brindar confianza e impulso. Puede permitir una especie de ensayo exploratorio antes de entrar en el espacio más comunitario y responsable de la discusión en el aula.

Esta disponibilidad de diálogo receptivo también permite una mayor flexibilidad. En cursos asincrónicos o híbridos, las herramientas de IA pueden servir como tutores complementarios, ofreciendo aclaraciones o reformulando material complejo. Por ejemplo, un estudiante con dificultades para comprender los matices del argumento de Pablo en Romanos podría pedirle a una IA que simplifique el flujo de razonamiento en los capítulos 5 a 8. A su vez, el modelo podría ofrecer un análisis paso a paso del contraste entre la muerte en Adán y la vida en el Mesías, o entre la ley y la gracia, utilizando metáforas y ejemplos apropiados para el contexto del alumno.

Sin embargo, si bien estas interacciones pueden favorecer la comprensión, también corren el riesgo de sustituir la fluidez mecánica por la profundidad contemplativa. Los modelos lingüísticos generan textos basándose en probabilidades, no en la convicción ni la comprensión. Desconocen los textos que interpretan. No rezan los salmos ni se debaten con las Bienaventuranzas. Pueden simular una conversación teológica, pero no pueden participar en ella. En una educación espiritualmente formada, donde la formación no es solo intelectual sino también disposicional, estas distinciones no son opcionales. Son esenciales.

Además, los educadores deben estar atentos a la forma del aprendizaje que fomenta la IA. Debido a que los sistemas de IA están diseñados para producir respuestas fluidas y seguras, pueden fomentar un modo de investigación que privilegia la velocidad sobre la paciencia y la claridad sobre la complejidad. En asuntos de fe, doctrina e historia, tales tendencias son peligrosas. Por ejemplo, cuando se le pregunta sobre la naturaleza de la expiación, una IA puede presentar la sustitución penal como una interpretación singular o dominante sin reconocer puntos de vista alternativos como la influencia moral o *Christus Victor*. Del mismo modo, una consulta sobre el libro de Apocalipsis puede producir una línea de tiempo escatológica pero omitir lecturas pastorales, litúrgicas o antiimperiales que son vitales para una comprensión más completa. La tarea del educador, entonces, es modelar y requerir un compromiso más crítico, uno que reconozca la parcialidad del contenido generado por la IA y devuelva a los estudiantes a fuentes, tradiciones y conversaciones que excedan los resultados del modelo.

También existe preocupación sobre cómo la IA puede moldear la dinámica social del aula. Cuando los estudiantes se acostumbran a recibir respuestas instantáneas, aparentemente autoritarias, de sistemas no humanos, su disposición hacia la indagación comunitaria puede cambiar. La naturaleza dialógica del aprendizaje —el intercambio de la interpretación, la humildad de la escucha, el discernimiento que surge del silencio compartido— puede verse debilitada. Esto es especialmente cierto cuando la interacción con los textos sagrados se ve mediada por herramientas que carecen de postura espiritual, reverencia, comunidad y memoria. El peligro no es solo la distracción, sino la deformación: la sustitución gradual de la comprensión superficial por la transformación interna.

Sin embargo, la IA también puede utilizarse para enriquecer el diálogo cuando se emplea con intención. Los educadores podrían usar materiales generados por IA como punto de partida para una respuesta crítica. Un profesor podría asignar a los estudiantes la evaluación de la interpretación de un modelo de la parábola del Buen Samaritano, pidiéndoles que identifiquen omisiones teológicas, suposiciones culturales o estrategias retóricas. En otro contexto, los estudiantes podrían comparar resúmenes generados por IA de los principales concilios con los textos conciliares originales, señalando lo que se conserva, lo que se distorsiona o lo que se omite. Estos ejercicios pueden desarrollar la capacidad crítica y profundizar el respeto por la complejidad del discurso teológico e histórico.

La IA también puede facilitar el aprendizaje colaborativo. En grupos, los estudiantes podrían usar la IA para generar perspectivas contrastantes sobre un pasaje —como el mandato de poner la otra mejilla en el Sermón del Monte— y luego discutir las implicaciones éticas y prácticas de cada lectura. En cursos de predicación, los estudiantes podrían evaluar los bosquejos homiléticos generados por IA y reescribirlos a la luz de las necesidades y convicciones espirituales de su comunidad. Utilizada de esta manera, la IA se convierte en un contraste en lugar de una autoridad: una herramienta para agudizar la conciencia, no para dictar el significado.

Una de las dimensiones más prometedoras de la IA en el aula es su capacidad para fomentar el aprendizaje diferenciado. No todos los estudiantes llegan con la misma formación en Sagrada Escritura, doctrina o teología histórica. Algunos pueden provenir de tradiciones arraigadas en la vida litúrgica; otros, de contextos más espontáneos o racionalistas; y otros, de experiencias marcadas por el silencio, el trauma o la exclusión. La IA puede ofrecer apoyo personalizado reformulando el contenido, proporcionando contexto o sugiriendo lecturas adicionales adecuadas a los conocimientos previos del alumno. Un estudiante que no esté familiarizado con el problema sinóptico, por ejemplo, puede usar la IA para aprender los lineamientos básicos de la crítica de fuentes antes de iniciar el análisis de los Evangelios en el aula. Otro estudiante, al conocer la regla de San Benito por primera vez, podría impulsar a la IA a explicar su lógica espiritual en términos contemporáneos.

Sin embargo, la personalización no debe convertirse en aislamiento. El aprendizaje espiritual depende de la comunidad. Implica ser visto, escuchado y desafiado. La tarea del docente es acompañar a los estudiantes en la incertidumbre, dar testimonio de las dificultades y afirmar un crecimiento que a menudo es invisible para ellos mismos. Ninguna IA puede realizar estas funciones. Ningún modelo puede ofrecer atención pastoral, responder a las lágrimas ni ofrecer una palabra de sabiduría en el momento oportuno. Estas son las tareas del educador, no porque sean más emocionales o humanas, sino porque son relacionales, de alianza y receptivas a la presencia viva de los demás.

El rol del educador, entonces, no se ve eclipsado por la IA. Se clarifica. Los docentes deben ser más reflexivos al cultivar la presencia, más reflexivos al modelar la humildad y más valientes al dar espacio a preguntas que no dan lugar a respuestas inmediatas. Deben ayudar a los estudiantes a ver la tecnología no como una fuente de sabiduría, sino como una herramienta para ser probada e interpretada. Al hacerlo, ayudan a los estudiantes a desarrollar no solo la competencia intelectual, sino también la madurez espiritual.

La inteligencia artificial seguirá moldeando el panorama de la enseñanza y el aprendizaje. Se volverá más integrada, más invisible, más persuasiva. Para los educadores que trabajan en tradiciones arraigadas en las Escrituras, la oración y el discernimiento comunitario, este contexto exige claridad de propósito. El aula no es un lugar para competir con la tecnología. Es un lugar para formar personas reflexivas, atentas y sabias. Si se utiliza con cuidado, la IA puede apoyar esta labor. Pero nunca podrá definirla.

El siguiente capítulo explorará cómo la IA puede contribuir a la investigación académica, incluyendo la revisión bibliográfica, la traducción, las herramientas bibliográficas y el análisis de datos. Al igual que en la docencia, la preocupación principal seguirá siendo la misma: cómo utilizar estas tecnologías de forma que respeten los objetivos intelectuales y espirituales de la educación.

Capítulo 6
IA para la investigación académica

La investigación académica es una dimensión vital de la educación espiritualmente informada. Sostiene la profundidad intelectual de la enseñanza, apoya el desarrollo de la reflexión teológica y ética, y preserva la sabiduría de la tradición para las generaciones futuras. En instituciones moldeadas por el compromiso con las Escrituras, la conciencia histórica y la indagación doctrinal, la investigación no se realiza como un ejercicio abstracto, sino como una vocación, arraigada en la convicción de que la búsqueda de la verdad, correctamente dirigida, es una forma de devoción.

La irrupción de la inteligencia artificial en el proceso de investigación representa un cambio fundamental en la concepción y la realización del trabajo académico. Los grandes modelos lingüísticos y las herramientas de IA relacionadas ofrecen ahora nuevas capacidades para recuperar, organizar, resumir, traducir e incluso generar contenido académico. Estas capacidades tienen el potencial de apoyar y acelerar el proceso de investigación, especialmente para académicos que trabajan con limitaciones de tiempo, en contextos con recursos limitados o que atraviesan múltiples barreras lingüísticas y disciplinarias. Sin embargo, también plantean importantes inquietudes respecto a la fiabilidad, la autoría, la integridad epistémica y la preservación del rigor contemplativo en la investigación teológica.

Este capítulo explora el uso de la IA en la investigación académica en entornos espiritualmente sensibles. Considera las posibilidades que ofrece la IA para la revisión bibliográfica, la exploración bibliográfica, el resumen, la traducción y el análisis de datos, a la vez que destaca las claves necesarias para garantizar que dichas herramientas contribuyan, en lugar de distorsionar, a los objetivos de una investigación basada en la tradición, la sabiduría y la responsabilidad moral.

Una de las aplicaciones más inmediatas de la IA en la investigación es la revisión bibliográfica. Cuando los académicos comienzan a escribir sobre un tema — como la justicia divina en la tradición profética, la teología del cuerpo en las cartas paulinas o el desarrollo de la espiritualidad monástica en la Antigüedad tardía—, primero deben mapear el panorama de la investigación existente. Esto implica identificar textos clave, trazar trayectorias interpretativas y discernir lagunas o tensiones en el campo. Las herramientas de IA pueden asistir en este proceso generando resúmenes, localizando citas y agrupando temas en diferentes disciplinas. Por ejemplo, al plantearse una pregunta sobre la interpretación del Salmo 22 en fuentes patrísticas y medievales, un modelo de IA podría proporcionar resúmenes de las tradiciones de comentarios tempranos, observar variaciones en el énfasis cristológico y señalar literatura secundaria relevante.

Estas herramientas pueden ser especialmente útiles en la investigación interdisciplinaria o transcultural, donde el desconocimiento de un campo o región paralelos puede representar obstáculos. Un investigador que explore las respuestas eclesiales a la pobreza podría usar la IA para rastrear cómo se interpretan los temas económicos de los Hechos en la teología de la liberación latinoamericana, la homilética norteafricana y el monacato siríaco temprano. La IA puede sacar a la luz hilos que, de otro modo, quedarían ocultos en notas a pie de página, artículos sin traducir o revistas con índices insuficientes .

Sin embargo, las herramientas de revisión bibliográfica basadas en IA también presentan limitaciones. Dado que los modelos lingüísticos generan texto basándose en patrones de sus datos de entrenamiento, pueden inventar citas, combinar interpretaciones u omitir voces marginales. Por ejemplo, al solicitar fuentes sobre el rol de las mujeres en el liderazgo de la iglesia primitiva, un modelo de IA puede reproducir perspectivas eurocéntricas dominantes e ignorar fuentes no occidentales o no canónicas. Además, la aparente fluidez de los resúmenes generados por IA puede ocultar que no se basan en el juicio crítico, sino en la predicción algorítmica. Esto crea el riesgo de que los académicos, especialmente aquellos que se inician en un tema, confundan conveniencia con comprensión.

Para mitigar este riesgo, *las herramientas de IA deben considerarse como ayudas heurísticas, no como autoridades definitivas.* La tarea del investigador sigue siendo la de verificar, evaluar e interpretar. La IA puede contribuir a la amplitud, pero la profundidad requiere discernimiento humano, sensibilidad contextual y atención espiritual. Especialmente en la investigación teológica, donde los matices y la tradición son fundamentales, los resúmenes sintéticos de la IA deben evaluarse mediante una lectura atenta, la experiencia en comunidad y la interacción dialógica.

Otro ámbito en el que la IA puede facilitar la investigación es la organización bibliográfica. Actualmente existen aplicaciones que pueden analizar un corpus de documentos, extraer referencias, categorizarlos por tema o período y generar bibliografías anotadas o listas de lectura. Para los académicos que escriben tesis doctorales, capítulos de libros o propuestas de subvención, esta funcionalidad puede ahorrar mucho tiempo y ayudar a identificar conexiones que se pasan por alto. Por ejemplo, un académico que prepare un proyecto sobre ascetismo y encarnación en la Antigüedad tardía podría utilizar la IA para generar una lista comparativa de textos primarios (p. ej., *La vida de Antonio, Dichos de los Padres del Desierto*) junto con comentarios modernos, análisis teológicos y críticas antropológicas.

Esta capacidad puede ampliarse mediante herramientas de gestión de citas que ahora integran funciones de IA. Estas herramientas pueden sugerir correcciones de formato, detectar inconsistencias o recomendar fuentes adicionales basándose en citas existentes. Si se utilizan con cuidado, estas herramientas pueden contribuir a la claridad y la exhaustividad. Sin embargo, también en este caso requieren supervisión. La IA no puede determinar el peso teológico de una cita ni discernir la importancia pastoral de una nota a pie de página. Solo el académico, situado en una comunidad intelectual y espiritual específica, puede hacerlo.

La traducción es otro ámbito donde la IA muestra un gran potencial. La investigación multilingüe suele verse limitada por las barreras lingüísticas, especialmente al trabajar con fuentes en griego, latín, siríaco o lenguas modernas distintas del inglés. Las herramientas de traducción basadas en IA pueden ofrecer borradores de traducciones de textos teológicos, documentos eclesiásticos o registros históricos, lo que permite un acceso inicial donde de otro modo no habría ninguno. Un investigador que explore la teología norteafricana temprana, por ejemplo, podría usar la IA para traducir sermones de Agustín o Cipriano que permanezcan sin traducir, o para acceder a trabajos académicos contemporáneos en francés o portugués.

Sin embargo, la traducción teológica no se limita a la sustitución de palabras. Requiere sensibilidad al tono espiritual, precisión doctrinal y resonancia cultural. El término "logos", por ejemplo, no puede traducirse simplemente como "palabra" sin considerar sus implicaciones filosóficas y teológicas en la literatura joánica y el desarrollo temprano de los credos. Asimismo, las expresiones idiomáticas de lamento, alabanza o misterio —presentes en textos bíblicos o poesía espiritual— a menudo se resisten a la traducción literal o mecánica. Las traducciones de IA, si bien son útiles como punto de partida, deben cotejarse con las traducciones académicas existentes, las herramientas léxicas y el conocimiento contextual.

La IA también puede facilitar el análisis de datos en proyectos de investigación que involucran patrones, estadísticas o corpus textuales. Por ejemplo, un académico que analiza patrones retóricos en las epístolas paulinas podría usar la IA para rastrear la frecuencia de ciertas exhortaciones éticas en diferentes cartas, o para visualizar cómo funcionan las metáforas de luz y oscuridad en la literatura sapiencial. Los proyectos de humanidades digitales recurren cada vez más a estas herramientas para codificar temas, mapear redes y detectar cambios en el lenguaje teológico a lo largo del tiempo o la geografía.

En algunos contextos, la IA también se ha utilizado para facilitar la comparación de manuscritos, identificando variantes de lectura, interpolaciones estilísticas o tendencias de copistas en grandes conjuntos de datos textuales. Estas herramientas pueden enriquecer el campo de la crítica textual, especialmente al combinarse con la formación filológica tradicional. Sin embargo, la interpretación de estos patrones sigue siendo una tarea humana, moldeada por la imaginación teológica, el conocimiento histórico y la humildad académica.

En todas estas aplicaciones, surge un principio consistente: la IA puede enriquecer la investigación cuando se integra en un marco más amplio de erudición crítica y con fundamento espiritual. No puede reemplazar la lectura atenta, el diálogo comunitario, la reflexión espiritual ni la intuición teológica. De hecho, su velocidad y amplitud pueden tentar a los académicos a sacar conclusiones prematuras, reduciendo la labor de interpretación a la recopilación de fuentes. En tradiciones que priorizan la sabiduría sobre la información, la formación sobre la acumulación, esta es una tentación que debe resistirse.

La investigación no se trata solo de producir conocimiento. También se trata de custodiar tradiciones, cuestionar supuestos y contribuir a la vida moral y espiritual de las comunidades. El académico, desde esta perspectiva, no es un generador de contenido, sino un servidor de la comprensión, encargado de mantener unidos el misterio y el significado, el pasado y el presente, la contemplación y la crítica. La IA puede contribuir a esta tarea, pero nunca debe definirla.

Este capítulo ha explorado los usos y límites de la IA en la investigación académica: cómo puede apoyar las revisiones bibliográficas, las bibliografías, la traducción y el análisis, y cómo debe integrarse con cuidado y discernimiento. El siguiente capítulo considerará cómo la IA afecta la evaluación del trabajo estudiantil y cómo las instituciones y los educadores pueden evaluar el aprendizaje de manera que se preserve la integridad académica y la formación espiritual en la era de las máquinas inteligentes.

Capítulo 7
Evaluación de estudiantes en la era de la IA

La evaluación es un elemento central del proceso educativo. No solo mide el aprendizaje, sino que lo moldea. Lo que los educadores deciden evaluar, y cómo lo hacen, revela su comprensión de lo que importa en el aula y más allá. En instituciones con una orientación espiritual, la evaluación no es simplemente un medio para clasificar o certificar a los estudiantes; forma parte de un compromiso más amplio con la formación. Evaluar el trabajo del estudiante implica prestar atención al crecimiento en sabiduría, carácter y comprensión, no solo al dominio del contenido.

La llegada de la inteligencia artificial al panorama académico ha introducido nuevas complejidades en la evaluación. Los estudiantes ahora tienen acceso a herramientas que pueden generar ensayos, resumir textos, resolver problemas y simular análisis académicos. Estas herramientas, si bien potencialmente útiles para el estudio y la síntesis, también plantean inquietudes sobre la autoría, la integridad y la formación de la virtud intelectual. Los educadores deben preguntarse ahora si un trabajo estudiantil refleja un compromiso genuino y cómo evaluar el aprendizaje en un contexto donde la asistencia artificial es a menudo invisible y, en ocasiones, indistinguible del esfuerzo humano.

Este capítulo explora las implicaciones de la IA para la evaluación estudiantil. Aborda cuestiones prácticas y filosóficas: ¿Cómo pueden los educadores garantizar la imparcialidad y la precisión en la calificación? ¿Cómo pueden las instituciones promover la integridad sin recurrir a la vigilancia ni a la sospecha? ¿Y cómo podrían reimaginarse las prácticas de evaluación para enfatizar el discernimiento, la reflexión y la transformación, en lugar de la replicación de la información?

Una de las preocupaciones más urgentes relacionadas con la IA y la evaluación estudiantil es la posibilidad de plagio o asistencia no autorizada. Los modelos lingüísticos ahora pueden generar ensayos completos sobre temas como la teología del sufrimiento en Job, la ética de la riqueza en el Evangelio de Lucas o el significado del amor sacrificial en los escritos de Pablo. Estos ensayos suelen ser coherentes, bien estructurados y estilísticamente apropiados. Incluso pueden incluir notas a pie de página y referencias, algunas reales y otras inventadas. Para los profesores que leen docenas de trabajos, la presencia de dicho material puede ser difícil de detectar.

Diversas herramientas de software afirman detectar contenido generado por IA, analizando patrones de vocabulario, estructura oracional y probabilidad. Sin embargo, estas herramientas no son totalmente fiables. Pueden generar falsos positivos, identificar erróneamente los estilos de escritura de los estudiantes o ser eludidas por software de parafraseo. Además, la dependencia del software de detección puede generar una dinámica de confrontación entre estudiantes y educadores, socavando el clima de confianza y respeto esencial para un aprendizaje con base espiritual.

Ante estos desafíos, muchos educadores están reconsiderando la naturaleza y el propósito de la evaluación. En lugar de basarse principalmente en los tradicionales ensayos para llevar a casa o cuestionarios en línea —formatos más susceptibles a la asistencia de la IA—, están recurriendo a tareas que requieren reflexión personal, interpretación contextual y diálogo. Por ejemplo, en lugar de pedir a los estudiantes que resuman la teología de la cruz en 1 Corintios, un profesor podría invitarlos a reflexionar sobre cómo el mensaje de Pablo sobre la debilidad y el poder se relaciona con las formas contemporáneas de ministerio, injusticia o reconciliación. Las respuestas que integran la experiencia vivida, el debate en clase y el contexto comunitario son más difíciles de generar artificialmente y tienen más probabilidades de reflejar un aprendizaje auténtico.

De igual manera, los exámenes orales, los ejercicios de escritura en clase, los proyectos colaborativos y las presentaciones creativas ofrecen oportunidades para evaluar en tiempo real la comprensión del alumnado. Estos formatos invitan a los estudiantes a expresarse con su propia voz, responder a preguntas de seguimiento y demostrar la integración del conocimiento y la interpretación. Por ejemplo, una discusión en clase sobre Mateo 25 podría pedir a los estudiantes que comparen la parábola de las ovejas y las cabras con expresiones locales de hospitalidad o servicio comunitario, fomentando así tanto la alfabetización bíblica como la imaginación ética.

Las rúbricas también pueden ajustarse para premiar la originalidad, la profundidad de la comprensión y el análisis de las fuentes primarias. En lugar de criterios puramente analíticos, los educadores podrían enfatizar los matices interpretativos, la coherencia teológica o la aplicación práctica. Un curso de homilética podría evaluar no solo la estructura de un sermón, sino también su grado de preparación orante, la relevancia contextual y la sensibilidad pastoral. Un curso sobre los primeros concilios podría pedir a los estudiantes que escriban una carta pastoral ficticia de una figura histórica, articulando las implicaciones de la cristología nicena para las cuestiones contemporáneas de identidad y sufrimiento.

Además de replantear las tareas, las instituciones deben cultivar culturas de integridad que vayan más allá de las reglas y las sanciones. Se debe invitar a los estudiantes a conversar sobre la importancia de la honestidad, no solo porque el engaño conduce a calificaciones injustas, sino porque socava el proceso mismo de formación. Cuando los estudiantes presentan ideas que no son suyas, pierden la oportunidad de debatir, cuestionar y crecer. Impiden el lento proceso de comprensión y, con él, la humildad espiritual que surge al reconocer las propias limitaciones y buscar la verdad en la comunidad.

Es mejor llevar estas conversaciones no como intervenciones disciplinarias, sino como parte del propio proceso educativo. El profesorado podría comenzar el semestre debatiendo el valor del trabajo original, el uso apropiado de las herramientas tecnológicas y las disciplinas espirituales de la lectura, la escritura y el compromiso crítico. Las políticas del curso deben ser transparentes, razonables y formuladas no como restricciones, sino como invitaciones a la integridad.

A nivel institucional, los códigos de conducta y las declaraciones de integridad académica deberían revisarse a la luz de las tecnologías emergentes. En lugar de centrarse únicamente en la prohibición, estos documentos podrían articular compromisos compartidos con la veracidad, la rendición de cuentas y el desarrollo personal. Una declaración sobre honestidad académica podría afirmar que la búsqueda del conocimiento es también una práctica espiritual que exige atención, paciencia y cuidado. Las políticas también pueden aclarar las expectativas en torno al uso de la IA: cuándo es permisible, cómo debe citarse y qué formas de asistencia constituyen una tergiversación.

Es importante que los educadores modelen las prácticas que buscan cultivar. Cuando el profesorado utiliza herramientas de IA en su propio trabajo — usándolas para editar, resumir u organizar—, puede compartir este proceso con el alumnado, demostrándole cómo usar dichas herramientas de forma ética y transparente. También puede reconocer sus propias preguntas e incertidumbres, fomentando una ética compartida de exploración en lugar de control.

Algunos educadores podrían temer que la amplia disponibilidad de la IA imposibilite el aprendizaje profundo. Sin embargo, tal conclusión es prematura. Si bien la IA puede simular ciertas formas de conocimiento, no puede replicar la sabiduría, el discernimiento ni la transformación. Estos son los objetivos más profundos de la educación en instituciones con una base espiritual. Cuando la evaluación se centra no solo en las respuestas correctas, sino en un proceso reflexivo —en la capacidad de escuchar, interpretar y responder con atención—, crea un espacio para el aprendizaje genuino. La IA puede influir en la forma de evaluación, pero no tiene por qué desplazar su propósito.

El reto, entonces, reside en diseñar tareas y evaluaciones que no solo sean difíciles de automatizar, sino que también merezcan la pena. Este tipo de tareas involucran a la persona en su totalidad: ejercicios de imaginación teológica, reflexión ética, diálogo comunitario y la aplicación de la fe a la vida. En un curso sobre oración, por ejemplo, una tarea final podría pedir a los estudiantes que escriban y anoten una regla de vida personal basada en fuentes bíblicas e históricas. En un seminario sobre la iglesia primitiva, se podría pedir a los estudiantes que diseñen un currículo catequético para una comunidad de fe moderna, basándose en textos antiguos y desafíos contemporáneos. Estas tareas evitan el plagio no mediante la vigilancia, sino invitando a la autenticidad.

La evaluación, en su mejor expresión, no es punitiva, sino formativa. Su objetivo no es atrapar a los estudiantes en sus errores, sino acompañarlos en su crecimiento. En un mundo donde las máquinas pueden generar texto, lo más valioso es la voz inimitable: la voz moldeada por el estudio, la oración, el diálogo y la convicción. Los educadores tienen la responsabilidad de nutrir esa voz, y la evaluación sigue siendo una de las maneras en que se escucha, se evalúa y se perfecciona.

El siguiente capítulo ampliará la conversación a un ámbito institucional y ético más amplio. Se preguntará cómo las escuelas, departamentos y facultades pueden abordar la IA de forma estratégica y responsable: formulando políticas, fomentando el desarrollo del profesorado y preparándose para un futuro en el que el discernimiento y la imaginación serán más necesarios que nunca.

Parte III
Consideraciones éticas, teológicas e institucionales

Capítulo 8
IA y derecho de autor
Capacitación, propiedad y límites de la expresión

La rápida integración de la inteligencia artificial en el panorama académico y creativo ha planteado serios interrogantes sobre la propiedad intelectual, en particular en materia de autoría, originalidad y reutilización de contenido existente. A medida que los sistemas de IA se integran cada vez más en la investigación, la publicación y la docencia teológicas, las instituciones se ven obligadas a confrontar los marcos legales y éticos que determinan cómo pueden y deben utilizarse estas tecnologías. Dos principios legales que, en conjunto, ayudan a definir los límites del desarrollo legal y responsable de la IA son centrales en este debate: la doctrina del uso transformador y la norma fundamental de que las ideas en sí mismas no pueden ser objeto de derechos de autor.

En el centro del debate legal actual se encuentra la cuestión de si entrenar modelos de IA con materiales protegidos por derechos de autor constituye una infracción. Los grandes modelos lingüísticos (LLM), como los que impulsan los sistemas conversacionales avanzados, se entrenan con corpus de texto masivos —incluyendo libros, artículos académicos, sitios web y recursos teológicos— muchos de los cuales están protegidos por derechos de autor. Los desarrolladores de estos sistemas argumentan que el proceso de entrenamiento es fundamentalmente transformador. La IA no almacena ni reproduce textos textualmente; más bien, utiliza los patrones y estructuras presentes en estos textos para generar resultados nuevos e impredecibles. Desde esta perspectiva, el entrenamiento no se trata de copiar, sino de aprender; no de explotar, sino de sintetizar.

El concepto de uso transformativo es fundamental para esta defensa. En la legislación estadounidense sobre derechos de autor, el uso legítimo permite ciertos usos no autorizados de obras protegidas por derechos de autor cuando el nuevo uso añade una nueva expresión, significado o propósito. Históricamente, los tribunales han reconocido el uso transformativo en contextos como la parodia, el comentario y la indexación en motores de búsqueda. Los desarrolladores de IA argumentan que el entrenamiento constituye una transformación similar. El propósito del texto original puede haber sido la instrucción doctrinal o el comentario histórico, mientras que el propósito del entrenamiento es facilitar el razonamiento lingüístico general en una variedad de temas. La función, la intención y el impacto son diferentes.

Aún no está claro si este argumento prevalecerá. Múltiples demandas están pendientes en Estados Unidos y otros países, interpuestas por autores, artistas visuales, organizaciones de noticias y desarrolladores de software que sostienen que las empresas de IA han creado herramientas comerciales con el trabajo no remunerado de creadores humanos. Algunos críticos argumentan que los sistemas de IA ahora son capaces de generar resultados que compiten directamente con las obras de las que se han aprendido, lo que plantea dudas sobre si el uso es verdaderamente transformador o meramente derivativo. Los tribunales eventualmente deberán evaluar si el entrenamiento de los modelos de IA transforma lo suficiente los materiales subyacentes como para justificar la exención de responsabilidad.

Estos casos probablemente definirán los futuros límites legales del desarrollo de la IA y el uso legítimo.

En cambio, la legislación de la Unión Europea presenta limitaciones más estructuradas. Según la Directiva de la UE sobre Derechos de Autor de 2019, se permiten ciertas formas de minería de textos y datos para la investigación y la innovación, pero los titulares de derechos pueden optar por no hacerlo denegando explícitamente el consentimiento para dichos usos. Esto ha generado una creciente presión para que los desarrolladores de IA mantengan la transparencia con respecto a los datos utilizados en el entrenamiento y soliciten licencias o permisos cuando sea necesario. Si bien esta regulación podría proteger a los creadores, también plantea inquietudes sobre la restricción del acceso a contenido educativo de amplio alcance, un tema particularmente relevante en teología, donde muchas ideas fundamentales tienen siglos de antigüedad y están muy extendidas culturalmente.

Además de la cuestión de los datos de entrenamiento, una segunda cuestión urgente se refiere a la propiedad y los derechos de autor de los resultados generados por IA. ¿Quién, si alguien, es el propietario del texto producido por una IA cuando el usuario lo solicita? ¿Puede dicho material estar sujeto a derechos de autor o está inherentemente fuera del ámbito de protección legal?

Según la legislación vigente en la mayoría de las jurisdicciones, los derechos de autor solo se aplican a las obras de autoría humana. Los resultados generados por IA sin una intervención humana significativa no pueden protegerse. La Oficina de Derechos de Autor de Estados Unidos, por ejemplo, ha aclarado que las obras creadas íntegramente por sistemas de IA no pueden registrarse como propiedad protegida por derechos de autor. Sin embargo, cuando usuarios humanos dirigen, editan o modifican sustancialmente los resultados, puede haber motivos para la atribución parcial o total de los derechos de autor. La línea entre el trabajo asistido y el trabajo de autor sigue siendo difusa, y las instituciones deberán establecer sus propias políticas para evaluar y divulgar la participación de la IA en publicaciones, tareas y materiales docentes.

Estas cuestiones conducen naturalmente a un área relacionada y a menudo malinterpretada del derecho de autor: la distinción entre ideas y expresiones. Uno de los principios fundamentales de la propiedad intelectual es que las ideas no están protegidas por derechos de autor. Solo la forma específica en que una idea se expresa —mediante la redacción, la estructura, el estilo o la forma— puede gozar de protección legal. Esta doctrina preserva el libre intercambio de conocimientos y garantiza que ninguna persona o grupo pueda reivindicar derechos exclusivos sobre conceptos teológicos, afirmaciones históricas o marcos éticos. Es la formulación, no la idea en sí, lo que se protege.

Esta distinción es crucial en el contexto de la IA. Durante el entrenamiento, los modelos de IA absorben patrones de asociación, sintaxis y significado de grandes cantidades de texto. Sin embargo, no memorizan ni reproducen frases específicas (salvo en casos excepcionales e imprevistos). En cambio, desarrollan una comprensión probabilística de cómo se relacionan las palabras entre sí, basándose en el uso observado. Por lo tanto, cuando un modelo genera un párrafo sobre la divina providencia, no recupera una cita almacenada de Tomás de Aquino o Karl Barth; genera una nueva formulación de una idea antigua. Dado que las ideas no pueden estar sujetas a derechos de autor y que el resultado generado no es una copia de una expresión protegida, la reclamación legal por infracción se vuelve más difícil de sostener, siempre que el modelo evite la paráfrasis exacta o la reproducción sin atribución.

Este marco ayuda a tranquilizar a los educadores e investigadores que utilizan herramientas de IA para apoyar su pensamiento, redacción o docencia. El hecho de que la IA haya sido entrenada con literatura teológica protegida por derechos de autor no implica, por sí mismo, que su uso sea ilegal, especialmente cuando el usuario genera material nuevo, aporta ideas originales y las aplica en un contexto educativo o académico. Sin embargo, los usuarios deben ser cautelosos. Es recomendable evitar usar la IA para resumir o reescribir artículos completos protegidos por derechos de autor, especialmente sin atribución. En caso de duda, cite las fuentes, revele la participación de la IA y revise cuidadosamente el resultado para detectar posibles réplicas involuntarias.

En definitiva, el efecto combinado de la doctrina del uso transformador y la dicotomía idea/expresión es afirmar que la IA puede desempeñar un papel legítimo, ético y creativo en la búsqueda del conocimiento, especialmente cuando dicho papel se enmarca como colaborativo en lugar de sustitutivo. Los educadores y las instituciones teológicas no deberían temer a la IA ni delegarle su autoridad intelectual. En cambio, deberían utilizarla como una herramienta que fomente la curiosidad, mejore la precisión y abra nuevas posibilidades de investigación y comunicación.

A medida que las leyes evolucionan y las decisiones judiciales comienzan a aclarar los límites del uso legítimo y la propiedad, será importante que los académicos se mantengan al tanto de los avances legales y la reflexión ética. La IA no es simplemente un problema legal; es un desafío pedagógico y moral. La forma en que la usamos refleja lo que valoramos del aprendizaje, la autoría y la verdad.

En el caso de la educación teológica en particular, donde la transmisión y transformación de la tradición son centrales, la cuestión no es sólo qué puede hacer la IA, sino cómo puede utilizarse de un modo que honre la vocación del docente, la dignidad del alumno y la integridad de la empresa teológica.

Capítulo 9
Integridad académica y engaño estudiantil

La integridad es fundamental para toda educación significativa. Sin ella, se erosiona la confianza entre estudiantes y docentes, entre instituciones y comunidades, y, en última instancia, entre los estudiantes y las verdades que buscan. En entornos educativos con formación espiritual, el llamado a la integridad no es solo académico, sino moral. Refleja una visión de la educación en la que la verdad se busca no como mera información, sino como algo para vivir. La presencia de la inteligencia artificial en la vida académica desafía esta visión de maneras nuevas y urgentes. A medida que las herramientas de IA se vuelven cada vez más capaces de producir ensayos, analizar textos y responder preguntas con una fluidez notable, los límites entre el aprendizaje auténtico y la asistencia artificial se han vuelto más difíciles de discernir.

Este capítulo aborda la cuestión de la integridad académica en la era de la IA. Considera cómo las instituciones y los educadores podrían responder al creciente potencial de mal uso de las herramientas de IA por parte de los estudiantes, no solo imponiendo normas, sino también cultivando la conciencia ética y la responsabilidad comunitaria. El reto no consiste únicamente en prevenir las trampas, sino en fomentar entornos donde la honestidad, la humildad intelectual y la búsqueda de la sabiduría se consideren parte integral del desarrollo espiritual y académico.

En cualquier generación, los estudiantes se han enfrentado a la tentación de tomar atajos en su trabajo académico. Estas tentaciones no son nuevas, pero las herramientas disponibles facilitan enormemente la construcción de competencias. Un estudiante con dificultades para completar un ensayo sobre la misericordia divina en la literatura profética puede, en segundos, pedirle a un modelo de lenguaje que genere un argumento coherente repleto de citas bíblicas. Otro estudiante, inseguro de cómo formular una respuesta a una lectura teológica difícil, puede pedirle a una IA que resuma y evalúe el texto, y luego haga pasar la respuesta como suya. Estos usos son cada vez más difíciles de detectar, especialmente cuando los estudiantes editan estratégicamente el texto o utilizan herramientas de parafraseo para ocultar su origen.

La preocupación más profunda, sin embargo, no es solo la detección. Es la deformación. Cuando los estudiantes externalizan habitualmente su pensamiento, debilitan los músculos fundamentales de los que depende la formación espiritual y académica: la paciencia, la atención, la interpretación y el discernimiento. Las prácticas que desarrollan la comprensión y el carácter —luchar con un pasaje difícil, formular una pregunta de forma imperfecta, aprender del fracaso— se descuidan en favor de un desempeño refinado pero vacío. Con el tiempo, esto socava no solo la calidad de la educación, sino también la integridad de la persona.

Muchas instituciones buscan ahora responder mediante políticas, actualizando las directrices de honestidad académica para abordar directamente las herramientas de IA. Algunas prohíben el uso de IA generativa a menos que esté explícitamente permitido. Otras exigen a los estudiantes que citen la asistencia de IA de la misma manera que citarían otras fuentes. Otras están experimentando con nuevas categorías de colaboración y apoyo, reconociendo que la IA puede, en algunos casos, ser una ayuda legítima para el aprendizaje cuando se utiliza de forma transparente.

Sin embargo, las políticas por sí solas no son suficientes. Deben basarse en una cultura de integridad: una comprensión compartida de que la honestidad no se trata simplemente de evitar el castigo, sino de honrar el proceso educativo en sí. En instituciones con raíces espirituales, esta cultura debe estar moldeada por tradiciones de formación moral, responsabilidad comunitaria y reflexión vocacional. Los profetas hebreos condenaron el engaño no solo como una violación de la ley, sino como una ruptura del pacto. Los Evangelios sitúan la verdad en el centro del discipulado, incluso cuando conlleva un coste personal. Las tradiciones monásticas primitivas enfatizaban la integridad de pensamiento y palabra como signos de un corazón indiviso. Estas fuentes no ofrecen políticas administrativas, pero sí proporcionan un horizonte moral dentro del cual las políticas podrían tomar forma.

El profesorado desempeña un papel fundamental en la formación de esta cultura. Pueden modelar la integridad al hablar de sus propias prácticas de estudio e indagación: cómo utilizan las herramientas de IA, cómo citan sus fuentes y cómo propician la reflexión en su vida intelectual. Pueden plantear las tareas no solo como tareas a completar, sino como oportunidades para que los estudiantes encuentren algo significativo. Un profesor que asigne un trabajo sobre la naturaleza de la esperanza en las cartas de Pablo podría comenzar preguntando a los estudiantes cómo han encontrado la esperanza en sus propias vidas, invitándolos a ver la conexión entre la exégesis y la reflexión existencial. De esta manera, la tarea se convierte no solo en un obstáculo académico, sino en un ejercicio formativo.

Las conversaciones sobre integridad también deben integrarse en el ritmo del curso. En lugar de dar una advertencia el primer día y retomarla solo cuando surge un problema, los instructores pueden retomar periódicamente las cuestiones de autoría, voz y responsabilidad. Al analizar las *Confesiones de Agustín*, por ejemplo, se podrían explorar no solo sus perspectivas teológicas, sino también su honestidad literaria: la forma en que nombra sus luchas, confiesa sus fracasos y busca la verdad con vulnerabilidad. Al enseñar los Salmos, se podría reflexionar con los estudiantes sobre cómo el lamento y la alabanza requieren autenticidad, y cómo esta misma autenticidad se requiere tanto en la expresión académica como en la espiritual.

Las tareas también pueden diseñarse para fomentar la integridad. Las propuestas que requieren reflexión personal, aplicación contextual o interacción dialógica son más resistentes al mal uso. En lugar de pedir un ensayo general sobre la imagen de Dios, el instructor podría pedir a los estudiantes que comparen esa doctrina con su experiencia de vida comunitaria, su comprensión de la justicia o su interacción con la actualidad. El trabajo en grupo, las presentaciones orales y los proyectos creativos pueden ofrecer vías adicionales para demostrar el aprendizaje de maneras difíciles de fingir y más fáciles de afirmar.

A nivel institucional, las oficinas de integridad académica, los departamentos de vida estudiantil y las capellanías pueden colaborar para abordar las cuestiones morales más amplias que plantea la IA. Talleres sobre investigación ética, paneles de profesores sobre tecnología y formación, o retiros sobre vocación en la era digital pueden contribuir a la comprensión compartida de que la integridad no es una carga individual, sino una tarea comunitaria. El objetivo no es vigilar, sino guiar; no castigar, sino formar.

También es importante reconocer que la tentación de usar indebidamente la IA suele ser síntoma de dificultades más profundas: presión del tiempo, ansiedad académica, síndrome del impostor o fatiga espiritual. En este sentido, las respuestas punitivas a la deshonestidad académica pueden no ser suficientes. Las instituciones deben atender las condiciones en las que los estudiantes toman estas decisiones y ofrecer el apoyo correspondiente. Las estructuras de asesoramiento, los recursos de salud mental, las relaciones de mentoría y el apoyo espiritual contribuyen a un entorno donde los estudiantes se sienten empoderados para realizar su propio trabajo y crecer en el proceso.

En la era de la IA, la integridad académica no puede mantenerse solo con sospechas ni software. Debe nutrirse de la confianza, de relaciones significativas y de un compromiso compartido con la verdad. Los educadores y las instituciones tienen la oportunidad no solo de responder a los desafíos del fraude, sino también de recuperar una visión más rica de la educación: una en la que el aprendizaje se entienda como un camino de formación y donde las herramientas que utilizamos estén siempre subordinadas al tipo de personas en las que nos estamos convirtiendo.

Al pasar al siguiente capítulo, pasamos de las prácticas individuales a la estrategia institucional. La pregunta ahora es: ¿Cómo pueden las escuelas prepararse estructural, pedagógica y espiritualmente para un futuro en el que la IA será una presencia constante? ¿Qué tipo de políticas, recursos y capacitación se necesitarán para capacitar al profesorado y al alumnado para una participación responsable y responsable?

Capítulo 10
Reflexiones teológicas y éticas sobre la IA

La llegada de la inteligencia artificial a la educación, la investigación y la vida cotidiana exige más que un ajuste pragmático. Exige reflexión teológica y ética. ¿Qué significa crear máquinas que imiten la inteligencia humana, produzcan un discurso que suene a sabiduría o imiten formas de presencia antes reservadas a las personas? ¿Cuáles son los límites de dicha imitación? ¿Y qué revela el uso de la IA sobre nuestros propios deseos, miedos y visiones de lo que significa ser humano?

En las tradiciones espiritualmente informadas, las cuestiones tecnológicas nunca se limitan a la utilidad. También se relacionan con la antropología, la ética y la estructura moral de la comunidad. La tecnología no es neutral; refleja los valores de sus creadores, las prácticas de sus usuarios y las estructuras de poder en las que se inserta. Este capítulo busca aportar recursos teológicos a la evaluación ética de la inteligencia artificial, no ofreciendo un veredicto final, sino identificando marcos para un discernimiento continuo.

En el centro de cualquier explicación teológica de la IA debe estar la cuestión de la persona humana. Si los sistemas de IA pueden generar texto, componer música, traducir idiomas y conversar, ¿qué distingue a la inteligencia humana de la replicación artificial? La respuesta no reside en la velocidad ni la sofisticación, sino en la profundidad relacional y espiritual. Los seres humanos no son simplemente procesadores de datos. Son criaturas formadas en la relación, capaces de amar, autorreflexionar, ser vulnerables y estar en comunión. En la visión bíblica, los seres humanos no se definen únicamente por su capacidad mental, sino por su vocación de administrar la creación, buscar la sabiduría y vivir en alianza con los demás y con Dios.

Esta visión resiste tanto el romanticismo como la reducción. No exige que los humanos sean infalibles ni omniscientes, pero insiste en que son más que la suma de sus resultados. La inteligencia, desde esta perspectiva, no es simplemente una función de respuestas correctas o un procesamiento eficiente. Se moldea por la memoria moral, el anhelo espiritual y la capacidad de transformación. Estas son *cualidades que la IA no posee. Los modelos lingüísticos pueden ser entrenados con textos sagrados, pero no creen, adoran, lamentan ni se regocijan. No pueden orar. No pueden discernir la acción del Espíritu ni responder al sufrimiento con una compasión arraigada en la historia y la esperanza. Su elocuencia es impresionante, pero carece de presencia.*

Esta distinción tiene implicaciones éticas. Un peligro en el uso de la IA no es solo que pueda engañar a otros, sino también a nosotros mismos, llevándonos a tratar a las máquinas como si fueran agentes o a olvidar las dimensiones espirituales y relacionales de la acción humana. Cuando se utiliza la IA para escribir cartas pastorales, generar oraciones o simular debates éticos, corremos el riesgo de confundir el rendimiento lingüístico con la responsabilidad moral. Una bendición bien formulada, generada por una máquina, puede sonar conmovedora, pero no nace del amor. El esquema de un sermón puede ser estructuralmente sólido, pero carece de autoridad espiritual. No surge del ayuno, la intercesión ni de la vida en comunidad.

Además, la IA no solo refleja el pensamiento humano, sino que es un producto de la cultura humana, moldeada por las suposiciones, exclusiones y sesgos de los datos con los que se entrena. Los modelos de lenguaje reproducen narrativas dominantes, marginan las voces minoritarias y reflejan las desigualdades de las sociedades que los generan. Para los educadores comprometidos con la justicia, la equidad y la reconciliación, esto representa un serio desafío. Cabe preguntarse: ¿Qué perspectivas se están amplificando? ¿Qué historias se están ignorando? ¿Cómo podemos resistir la simplificación de la complejidad moral para convertirla en conveniencia algorítmica?

En este sentido, la ética teológica puede ofrecer orientación. La tradición profética, por ejemplo, llama la atención sobre las formas en que el poder distorsiona la percepción y el discurso. Los profetas no se limitan a proclamar la verdad; también desenmascaran falsedades enmascaradas en un lenguaje piadoso. Denuncian sistemas que parecen justos, pero se basan en la explotación. En este sentido, educadores y académicos deben preguntarse si los sistemas de IA, por impresionantes que sean, sirven o socavan la dignidad de los pobres, los marginados y los que no tienen voz. ¿Estas herramientas desafían la injusticia o refuerzan las jerarquías existentes de conocimiento, lenguaje y acceso?

La ética de la IA también se entrelaza con cuestiones de formación. Si estas herramientas moldean nuestra forma de aprender, ¿qué tipo de estudiantes producen? ¿Se están formando los estudiantes en hábitos de indagación, paciencia y diálogo, o en hábitos de eficiencia, imitación y desapego? ¿Se anima al profesorado a ser mentor, modelo y acompañamiento, o a delegar la formación en máquinas? Estas no son solo preguntas tecnológicas. Son preguntas sobre el tipo de personas y comunidades que buscamos cultivar.

Otra preocupación relevante es la tentación del mesianismo tecnológico: la creencia de que la IA puede resolver los problemas humanos de una vez por todas. Esta tentación no es nueva. A lo largo de la historia, los humanos han recurrido a ídolos de su propia creación en busca de certeza, control y liberación. Ya sea en becerros de oro o en el cine, el anhelo de poder sin vulnerabilidad sigue siendo potente. En la era digital, la IA puede convertirse en uno más de esos ídolos: una fuente de conocimiento sin responsabilidad, presencia sin relación o poder sin sabiduría.

Una visión teológica resiste esta tentación afirmando la finitud como un don. Las limitaciones humanas no son defectos que deban superarse, sino condiciones para la humildad, la dependencia y la comunidad. La tecnología, correctamente ordenada, puede ampliar la capacidad humana. Pero cuando pretende reemplazar la vulnerabilidad por la invencibilidad, o la encarnación por la simulación, distorsiona la esencia misma de la vida moral y espiritual. La sabiduría no comienza con la maestría, sino con la reverencia: con el reconocimiento de que el conocimiento debe guiarse por el amor y que la verdad debe encarnarse en vidas de justicia y paz.

Esto no significa que la IA deba rechazarse por completo. Al contrario, las herramientas de gran poder requieren una administración cuidadosa. En las parábolas, se elogia a los siervos no por enterrar sus talentos, sino por dotarlos de discernimiento y valentía. Lo mismo aplica a los dones tecnológicos. La tarea es utilizarlos de maneras que se alineen con compromisos más profundos: formar estudiantes, servir a las comunidades, apoyar el aprendizaje y profundizar la vida espiritual. La IA puede contribuir a estos objetivos, pero no puede definirlos.

Al discernir cómo usar la IA, los educadores y las instituciones deben, por lo tanto, retomar preguntas fundamentales: ¿Qué creemos sobre la dignidad, el propósito y el destino humanos? ¿Qué tipo de conocimiento conduce a la sabiduría? ¿Qué tipo de enseñanza fomenta la transformación? ¿Y qué tipo de mundo estamos preparando a los estudiantes para habitar, moldear y servir?

La reflexión teológica y ética sobre la IA aún se encuentra en sus etapas iniciales y requerirá voces de diversas tradiciones, disciplinas y culturas. Pero debe comenzar ahora, no solo en teoría, sino también en la práctica: en las aulas, las políticas, las tareas y las conversaciones. Para quienes consideran la educación como una responsabilidad sagrada, el surgimiento de la IA no es una distracción. Es una invitación a replantearse qué significa enseñar, aprender y buscar la verdad en un mundo donde las máquinas hablan, pero solo los humanos están llamados a amar.

En el próximo capítulo, exploraremos cómo las instituciones pueden responder a nivel estructural: desarrollando estrategias, capacitando al personal docente, formulando políticas y cultivando un liderazgo capaz de guiar a las comunidades a través de las promesas y los peligros de la inteligencia artificial.

Capítulo 11
Estrategia institucional y desarrollo del profesorado

La irrupción de la inteligencia artificial en la educación superior no es una tendencia pasajera. Representa una transformación estructural que moldeará la pedagogía, la investigación, la evaluación y la administración en los próximos años. Si bien el profesorado y el alumnado ya están tomando decisiones sobre cómo usar o rechazar estas herramientas, el impacto a largo plazo de la IA dependerá, en gran medida, de cómo respondan las instituciones: cómo se organicen, eduquen, se apoyen y se gobiernen en una época de rápidos cambios tecnológicos.

Para las instituciones arraigadas en tradiciones espirituales y morales, esta respuesta debe ser más que táctica. Debe ser teológica, ética y formativa. ¿Cómo pueden las escuelas preparar a su profesorado y a sus comunidades para usar la IA con prudencia? ¿Cómo pueden elaborar políticas claras y compasivas, visionarias y realistas? ¿Qué significa para una escuela gestionar las nuevas tecnologías en el marco de su misión: no solo educar mentes, sino también formar corazones, cultivar virtudes y servir al bien común?

Este capítulo explora las dimensiones estratégicas y de desarrollo de la interacción institucional con la IA. Se centra en tres áreas fundamentales: desarrollo del profesorado, políticas y gobernanza, y cultura institucional. En conjunto, estas dimensiones sientan las bases para la fidelidad y la flexibilidad a largo plazo en un mundo cada vez más moldeado por máquinas inteligentes.

El profesorado es fundamental en cualquier institución educativa. Sus decisiones —qué asignar, cómo enseñar, cuándo permitir o prohibir el uso de la IA— influirán en la experiencia estudiantil mucho más que cualquier documento normativo. *Sin embargo, muchos docentes, incluso aquellos con amplia experiencia en pedagogía o investigación académica, se sienten poco preparados para las cuestiones éticas y prácticas que plantea la IA.* Puede que desconozcan cómo funciona la tecnología, desconfíen de sus sesgos o no sepan cómo hablar con los estudiantes sobre ella. Otros pueden estar deseosos de experimentar, pero no saben cómo hacerlo sin comprometer la integridad ni la profundidad.

En este contexto, el desarrollo del profesorado se vuelve esencial. Las instituciones deben brindar oportunidades para que los educadores aprendan sobre la IA de maneras que sean técnicamente precisas y espiritualmente sólidas. Talleres, grupos de lectura y comunidades de aprendizaje del profesorado pueden ofrecer espacios para explorar cómo funcionan las herramientas de IA, cuáles podrían ser sus usos pedagógicos y dónde residen sus riesgos. Dichos programas deben incluir no solo demostraciones de herramientas emergentes, sino también una reflexión teológica y ética sobre su significado para la vocación docente.

El profesorado debe estar equipado no solo con información, sino también con marcos para el discernimiento. Se les debe animar a preguntarse: ¿Esta tecnología apoya el tipo de aprendizaje que quiero cultivar? ¿Fomenta el crecimiento del alumnado en sabiduría, integridad y compasión? ¿Se alinea con la misión de la institución y el espíritu de la tradición en la que enseñamos? Una formación que integre la alfabetización técnica con la reflexión moral será mucho más fructífera que los enfoques que tratan la IA simplemente como un nuevo dispositivo o un desafío administrativo.

Las políticas son otro aspecto crucial de la estrategia institucional. Los centros educativos deben elaborar directrices claras y accesibles sobre el uso adecuado de la IA en el trabajo académico. Estas políticas deben articular cuándo y cómo los estudiantes pueden usar las herramientas de IA, cómo debe citarse o reconocerse dicho uso y qué constituye un uso indebido o deshonesto. Las políticas también deben reconocer la complejidad del uso de la IA; por ejemplo, distinguir entre usarla para la corrección gramatical básica y para generar ensayos completos. Las prohibiciones generales pueden ser fáciles de redactar, pero difíciles de aplicar, y pueden impedir una interacción reflexiva con herramientas que, si se utilizan adecuadamente, podrían mejorar el aprendizaje.

Una buena política también incluye orientación proactiva. Las instituciones pueden desarrollar páginas de recursos, un lenguaje modelo para las tareas y propuestas de enunciados del programa de estudios que aclaren las expectativas sin temor ni ambigüedad. El profesorado no debería tener que inventar estos recursos desde cero. Tampoco se debería esperar que supervisen el uso de la IA de forma aislada. *Es esencial una respuesta institucional coordinada —entre asuntos académicos, vida estudiantil, bibliotecas y TI—.*

Además, la política debe formularse no solo en términos legales o punitivos, sino en términos que reflejen la misión institucional. Una política basada en una visión de formación, hospitalidad, veracidad y responsabilidad compartida tendrá mayor resonancia que una formulada únicamente en términos de cumplimiento. Este lenguaje se basa en las mismas fuentes que inspiran la enseñanza y el culto: el llamado a vivir con honestidad, el imperativo de amar al prójimo mediante la integridad y la creencia de que el aprendizaje es un deber sagrado.

Más allá de la formación del profesorado y las políticas formales, las instituciones deben prestar atención a la cultura general en la que se debate, implementa y analiza la tecnología. ¿Se habla de IA solo en los comités de tecnología o en las oficinas de TI, o forma parte de las reuniones del profesorado, los debates en la capilla y la planificación estratégica? ¿Se invita a los estudiantes a reflexionar sobre cómo la IA influye en sus hábitos de aprendizaje, su autocomprensión, su vida de oración o su imaginación moral? ¿Se apoya al personal y a los administradores para que reflexionen sobre cómo estas herramientas afectan la asesoría, la mentoría y los servicios estudiantiles?

Una cultura institucional con una visión espiritual no tratará la IA como una herramienta neutral. Tampoco responderá con pánico ni pasividad. En cambio, abordará este momento como una oportunidad para el discernimiento colectivo. Las escuelas podrían organizar foros comunitarios sobre tecnología y vocación, invitar a ponentes invitados para cuestionar suposiciones o invitar a profesores y estudiantes a compartir historias de éxito y dificultades en el uso de la IA. Estas conversaciones fomentan un clima donde se aceptan preguntas y se comparte la sabiduría.

En este tipo de cultura, *se fomenta la experimentación, pero se preserva la rendición de cuentas*. Se podría invitar al profesorado a realizar pruebas piloto de tareas integradas con IA, con reflexión estructurada y retroalimentación estudiantil. Las oficinas de evaluación podrían explorar cómo la IA afecta los resultados y la participación. Las capellanías o las oficinas de vida espiritual podrían organizar debates teológicos sobre aprendizaje automático, personalidad humana y justicia digital. El objetivo no es la uniformidad, sino la coherencia: un compromiso diverso pero compartido para usar la tecnología de manera que fomente el desarrollo de los estudiantes y las comunidades.

El liderazgo desempeña un papel decisivo en la configuración de esta postura institucional. Los presidentes, rectores, decanos y jefes de departamento no solo deben aprobar políticas, sino también encarnar la visión. Deben estar dispuestos a hablar públicamente sobre los desafíos éticos que presenta la IA, a invertir en el desarrollo profesional y a ser un ejemplo de humildad y curiosidad que caracteriza a una comunidad de aprendizaje. También deben reconocer que la IA no solo afectará la enseñanza y el aprendizaje, sino también la recaudación de fondos, las admisiones, la comunicación estratégica y la planificación a largo plazo. El liderazgo debe ser integral y fundamentado.

Finalmente, las instituciones deben pensar a largo plazo. La IA no es una tecnología única, sino un campo en evolución. Surgirán nuevos modelos, los marcos regulatorios cambiarán y las expectativas de los estudiantes también. Las escuelas deben establecer procesos de revisión continua, grupos de trabajo interdisciplinarios para la innovación y la ética, y colaboraciones con otras instituciones que afronten cuestiones similares. Deben invertir en investigación, apoyar la investigación pública sobre IA y teología, y construir una memoria institucional que pueda guiar a las generaciones futuras.

Las tradiciones espirituales que sustentan muchas de estas instituciones ofrecen recursos para dicha reflexión sostenida. Nos recuerdan que la sabiduría requiere tiempo, que el discernimiento es una tarea comunitaria y que nuestras herramientas deben siempre estar al servicio de nuestros valores más profundos, no al revés. *El futuro de la educación teológica en la era de la IA no se moldeará solo por lo que sabemos, sino por cómo elegimos actuar: con integridad, imaginación y esperanza.*

El siguiente capítulo aborda ese futuro de forma más directa. ¿Qué podría significar reimaginar una educación con raíces espirituales a la luz de estas tecnologías emergentes? ¿Cómo podría la IA fomentar, y no solo amenazar, nuevas formas de formación, colaboración y conexión global?

Capítulo 12
Reimaginando la educación con IA

La inteligencia artificial se ha presentado a menudo como una amenaza para la educación: como una fuerza que reemplazará al profesorado, erosionará la integridad y reducirá el aprendizaje a una eficiencia mecánica. Estas preocupaciones no carecen de fundamento. Sin embargo, son solo una parte de la historia. *El desafío — y la oportunidad — más profundo no reside simplemente en gestionar la IA, sino en imaginar con ella.* Para las instituciones moldeadas por tradiciones de sabiduría, formación espiritual e indagación moral, la tarea no consiste en adaptarse al cambio tecnológico, sino en liderar dentro de él. *Esto requiere visión: no control reactivo, sino discernimiento creativo.*

Este capítulo analiza cómo la inteligencia artificial podría impulsar una reimaginación de la educación misma: sus prácticas, estructuras, propósitos y alcance global. No niega los riesgos que plantea la IA. Más bien, se pregunta qué se hace posible cuando las herramientas de automatización y aumento se ponen al servicio de la transformación. ¿Qué pasaría si la IA no fuera un sustituto de la educación, sino un aliado para sus objetivos más profundos?

Un punto de partida es la pedagogía. Los modelos educativos tradicionales a menudo se han basado en horarios fijos, impartición uniforme y evaluación estandarizada. Estas estructuras han sido eficaces para las instituciones, pero también han dejado atrás a muchos estudiantes: aquellos con diferentes estilos de aprendizaje, antecedentes lingüísticos u obligaciones laborales y familiares. Las herramientas de

IA ahora ofrecen la posibilidad de entornos de aprendizaje personalizados y adaptativos en los que los estudiantes reciben apoyo adaptado a su ritmo, contexto y conocimientos previos. Un estudiante con dificultades con la terminología teológica podría recibir definiciones simplificadas, lecturas estructuradas o explicaciones en tiempo real. A otro estudiante con una amplia experiencia en una materia se le podrían ofrecer comentarios avanzados, tradiciones paralelas o desafíos integradores.

Esta adaptabilidad puede ser especialmente eficaz en aulas globales o multilingües. La traducción, el resumen y las herramientas multimedia basadas en IA pueden hacer que las conferencias, lecturas y debates sean accesibles a través de las fronteras lingüísticas. Un seminarista en Nairobi podría estudiar junto a un compañero en São Paulo, leyendo a un místico del siglo IV y a un poeta del siglo XXI, con la ayuda de herramientas de IA que conectan sus lenguas y contextos. De esta manera, la educación se vuelve no solo más inclusiva, sino también más interrelacionada, reflejando la diversidad y la unidad del grupo al que pretende servir.

El diseño curricular también puede reinventarse. Gracias a la capacidad de la IA para organizar y visualizar grandes conjuntos de conocimientos, los educadores pueden crear mapas dinámicos de contenido teológico, histórico y ético. Estos mapas pueden mostrar cómo se desarrollan las doctrinas, cómo los temas bíblicos se repiten en diferentes culturas y cómo las prácticas espirituales surgen y se adaptan con el tiempo. Los estudiantes pueden explorar estas redes de forma interactiva, trazando sus propios caminos, planteándose sus propias preguntas y aportando sus propias perspectivas. Este enfoque va más allá de la recepción pasiva hacia la construcción activa de significado.

Los instructores, en lugar de servir principalmente como dispensadores de contenido, se convierten en guardianes de entornos de aprendizaje, mentores de discernimiento y facilitadores del diálogo. Guían a los estudiantes no solo a través de las asignaturas, sino también hacia la sabiduría. En este modelo, la IA se convierte en una herramienta no de control, sino de posibilidad: libera tiempo, amplía el acceso y enriquece la participación.

La IA también facilita nuevas modalidades de aprendizaje colaborativo. Los estudiantes pueden cocrear comentarios anotados, compartir reflexiones devocionales vinculadas a textos bíblicos o crear archivos colectivos de movimientos por la justicia y respuestas teológicas. Estos proyectos compartidos pueden abarcar instituciones, idiomas y disciplinas, formando redes de investigación que reflejan las primeras comunidades epistolares, unidas no solo por la geografía, sino por una devoción compartida a la verdad y al amor.

En la investigación, la IA puede facilitar el descubrimiento de voces que a menudo se pasan por alto: textos sin traducir, tradiciones poco representadas, patrones que los métodos convencionales no reconocen. Los académicos pueden usar la IA para descubrir sermones olvidados, comparar metáforas espirituales a lo largo de los siglos o rastrear temas éticos en entornos culturales dispares. Al combinarse con la revisión ética y la reflexión teológica, estas herramientas pueden no solo impulsar la investigación académica, sino también democratizarla.

Incluso la formación misma puede mejorarse, no reemplazarse, mediante el uso cuidadoso de la IA. Las pautas guiadas para escribir un diario, los ejercicios espirituales personalizados y el acceso multilingüe a oraciones y prácticas antiguas pueden ayudar a los estudiantes a integrar su aprendizaje con su vida interior. La IA no puede formar el alma. Pero puede ayudar a los estudiantes a atender las preguntas del alma con mayor profundidad, si se usa con sabiduría.

Institucionalmente, la IA invita a repensar no solo la pedagogía, sino también la misión. Las escuelas pueden ampliar su alcance más allá de los programas de grado convencionales, ofreciendo aprendizaje modular, educación comunitaria y recursos espirituales a las poblaciones desatendidas. Pueden colaborar con iglesias, ONG y movimientos globales para compartir conocimientos, desarrollar capacidades y aprender juntos. En una era de creciente desigualdad y urgencia ecológica, la IA puede permitir que las instituciones se vuelvan más ágiles, más receptivas y más proféticas, menos limitadas por sistemas heredados y más abiertas a la colaboración y la innovación.

Sin embargo, esta reinvención debe tener fundamentos sólidos. La IA no debe convertirse en una nueva forma de imperio, replicando estructuras de dominio a través de medios digitales. Debe guiarse por compromisos con la justicia, la verdad y la solidaridad. Debe moldearse con las voces de quienes viven en la marginación y rendir cuentas a las comunidades a las que busca servir. Por esta razón, la tarea de reinventar la educación no es principalmente técnica. Es espiritual.

Educadores, administradores, estudiantes y comunidades deben unirse para preguntarse: ¿Qué tipo de formación se necesita en nuestro tiempo? ¿Qué tipo de conocimiento sana? ¿Qué tipo de comunidad refleja el carácter de Aquel que nos llama a enseñar, aprender y vivir en el amor? Estas no son preguntas que la IA pueda responder. Pero sí son preguntas que la IA puede ayudarnos a abordar, si la utilizamos con la misma atención que prestamos al aula, al texto y al rostro de nuestro prójimo.

Esta visión no exige abandonar la tradición. Al contrario, se nutre de las mismas fuentes que siempre han inspirado la educación teológica: los textos sagrados, la sabiduría de los ancianos, el testimonio de los santos, el anhelo del corazón. Solo exige que permanezcamos abiertos: que no temamos el cambio más que la irrelevancia, y que no adoremos la novedad más que el amor por el bien.

La inteligencia artificial no es el futuro de la educación. Pero formará parte de ella. El futuro sigue siendo humano, relacional y espiritualmente vivo. Sigue siendo, en el sentido más profundo, un misterio: uno que no debe controlarse, sino abordarse con reverencia, esperanza y valentía.

El próximo capítulo se centrará en quienes ya recorren este camino: educadores e instituciones que experimentan con la IA de forma reflexiva, fundamentada y creativa. Sus historias no solo inspiran cautela, sino que también muestran lo que se puede lograr cuando la sabiduría y la imaginación se unen al servicio del aprendizaje.

Capítulo 13
Estudios de caso y voces desde el terreno

Los capítulos anteriores han ofrecido reflexión teológica, marcos pedagógicos y orientación institucional para incorporar la inteligencia artificial en la educación espiritual. Sin embargo, la teoría debe ser puesta a prueba por la práctica. En escuelas, seminarios y comunidades de aprendizaje, los educadores ya están experimentando con la IA, no como un sustituto de la formación, sino como un aliado en ella. Están innovando, experimentando, aprendiendo e imaginando lo que podría ser posible cuando la sabiduría guíe a la tecnología.

Este capítulo ofrece una selección de estudios de caso y viñetas de educadores e instituciones que exploran el uso de la IA en entornos con arraigo espiritual. Estos ejemplos no pretenden ser modelos que se puedan replicar sin crítica alguna. Más bien, sirven como punto de partida para la conversación, ventanas a la práctica y testimonios de la creatividad y el cuidado que impulsan este trabajo.

Enseñanza con diálogo asistido por IA: Un aula en los Salmos

En una pequeña universidad teológica del Medio Oeste, una profesora de poesía hebrea rediseñó su curso "Salmos y la Vida de Oración" para incorporar diálogos basados en IA. Se asignaron salmos específicos (lamentos, alabanzas, textos sapienciales) a los estudiantes y se les encargó elaborar reflexiones a partir de la voz de un antiguo adorador. Para fomentar la imaginación histórica, los estudiantes utilizaron una herramienta de IA entrenada con textos y comentarios bíblicos para simular el diálogo entre el salmo asignado y una voz contemporánea de protesta, dolor o alabanza.

El profesor informó que, si bien la IA a veces atenuaba los matices, también incitaba a los estudiantes a formular mejores preguntas. Debatieron si las máquinas podían "orar", reflexionaron sobre la diferencia entre recitar y creer, y exploraron cómo el lamento funciona de manera diferente cuando lo emite una máquina que cuando lo emite una persona que ha sufrido. El objetivo nunca fue que la IA interpretara el texto en nombre del estudiante, sino que sirviera como un complemento reflexivo. El resultado no solo fue una mejora en las habilidades exegéticas, sino también una mayor comprensión de las dimensiones espirituales y emocionales de los Salmos.

Rediseño de la evaluación en un programa de homilética

En un seminario de África Oriental, el profesorado estaba preocupado por la creciente dependencia de sermones generados por IA. Los instructores descubrieron que los estudiantes presentaban bosquejos homiléticos que reflejaban los resultados de los modelos de IA: con una estructura clara, pero con poca profundidad, resonancia local o teología vivida.

En lugar de responder de forma punitiva, el profesorado decidió reestructurar el proyecto final. Los estudiantes debían predicar sus sermones en entornos comunitarios (iglesias, centros de refugiados o cooperativas agrícolas) y luego presentar un trabajo reflexivo que documentara el proceso: investigación contextual, fundamentos bíblicos y teológicos, respuestas de los oyentes y crecimiento personal.

Se permitió el uso de la IA, pero solo como herramienta reconocida durante la lluvia de ideas. Se esperaba que los estudiantes que usaron la IA para esbozar ideas explicaran cómo revisaron o rechazaron sus sugerencias. Los sermones resultantes fueron más fundamentados, menos formalistas y mucho más transformadores. Los instructores observaron un retorno a la preparación espiritual, la escucha relacional y el discernimiento contextual, lo que un profesor describió como "una verdadera predicación de nuevo".

IA en la investigación: amplificando las voces subrepresentadas

Un profesor de un instituto teológico brasileño utilizó IA para realizar un análisis textual de cientos de ensayos sobre teología de la liberación, muchos de ellos previamente no disponibles en inglés. El objetivo del proyecto era rastrear el surgimiento de temas ecológicos en la reflexión teológica desde 1970 hasta la actualidad.

Las herramientas de traducción y agrupación asistidas por IA permitieron al investigador identificar patrones, descubrir voces menos conocidas y publicar una bibliografía anotada multilingüe. Si bien el investigador revisó todas las traducciones manualmente y rechazó las interpretaciones automáticas que distorsionaban el tono original, informó que la IA le permitió acceder a mucho más material del que habría sido posible por sí solo.

El proyecto no eliminó el rol del investigador, sino que lo amplió. La IA sirvió como una linterna, no como una guía. Su valor no residió en reemplazar la interpretación, sino en abrir espacio para una interacción más fiel con la amplitud de la tradición.

Formación del profesorado: creación de una cohorte de aprendizaje

En una escuela de teología del Sudeste Asiático, un decano académico lanzó un programa de aprendizaje de IA para el profesorado, de un año de duración. El programa reunió a profesores de estudios bíblicos, teología pastoral, ética y liturgia para aprender cómo las herramientas de IA podrían mejorar (o dificultar) su trabajo.

La cohorte se reunió mensualmente para explorar una lista de lecturas compartida, probar herramientas educativas y reflexionar sobre las implicaciones teológicas. Algunas sesiones incluyeron demostraciones de IA en el diseño curricular; otras invitaron a la reflexión sobre la personalidad, la corporeidad y la comunidad en la era digital. Se animó al profesorado a experimentar con pequeñas ideas: un glosario generado por IA por aquí, un diálogo interactivo por allá.

Al final del año, cada profesor presentó una declaración personal sobre su enseñanza de IA y un programa de estudios revisado que incorporaba su aprendizaje. Más que las herramientas en sí, los participantes valoraron el espacio para el diálogo, el intercambio de temores y la reflexión ética. Como comentó un profesor: "El verdadero regalo fue permitirnos ignorar y pensar juntos".

Prácticas espirituales digitales y formación global

Un programa de formación ecuménica para estudiantes dispersos en la diáspora africana introdujo un módulo digital de prácticas espirituales con inteligencia artificial. Los estudiantes podían participar en oraciones guiadas, recibir reflexiones bíblicas contextualizadas en sus lenguas maternas y crear un calendario litúrgico personal basado en diversas tradiciones.

Las herramientas de inteligencia artificial ayudaron a adaptar los recursos devocionales al horario, enfoque o estilo de oración de los estudiantes, ofreciendo breves lecturas matutinas, reflexiones históricas o sugerencias para escribir un diario. Si bien todo el contenido fue revisado por el profesorado, los estudiantes tuvieron una gran capacidad de decisión para definir su ritmo devocional. Los comentarios de los estudiantes fueron sumamente positivos. Describieron sentirse más conectados con la iglesia en general, más arraigados en la práctica diaria y más apoyados en momentos de estrés.

El profesorado dejó claro que la IA no podía formar el carácter, pero sí podía fomentar la atención. Como señaló un director de formación: *"El Espíritu se mueve en el silencio. Pero a veces la IA nos ayuda a recordar que debemos hacerle espacio"*.

Estos estudios de caso no ofrecen una única conclusión. Algunos señalan el poder de la IA para ampliar el acceso, otros su capacidad para suscitar cuestiones éticas o fomentar el rediseño pedagógico. En conjunto, sugieren que la interacción con la IA no tiene por qué ser defensiva ni superficial. Si se abordan con humildad, valentía y creatividad, estas herramientas pueden convertirse en aliadas en la larga labor de educación y formación.

Sin embargo, para lograrlo, es necesario que las instituciones y los educadores tengan claro su propósito. La IA no es una respuesta. Es un acelerador. Amplifica lo que ya está presente: en nuestra pedagogía, nuestros valores, nuestras esperanzas y nuestros miedos. Si queremos que nuestros estudiantes se vuelvan sabios, veraces y compasivos, debemos cultivar

esas mismas cualidades en nosotros mismos y en los
sistemas que construimos.

Parte IV
Ingeniería rápida
¿Qué hace que la IA funcione bien?

Capítulo 14
Impulsar con propósito
Fundamentos para el uso teológico de la IA

La inteligencia artificial está transformando nuestra forma de pensar, escribir, investigar y enseñar. Si bien muchos en la educación teológica se muestran, con razón, cautelosos ante estos cambios, otros comienzan a reconocer que la IA, cuando se utiliza con sabiduría e integridad, puede convertirse en un valioso aliado en la búsqueda de la verdad. Entre las habilidades más significativas que emergen en este panorama se encuentra la ingeniería rápida: la capacidad de comunicarse eficazmente con herramientas de IA mediante preguntas e instrucciones bien elaboradas.

La ingeniería rápida no es meramente técnica. Es una forma de indagación teológica. Dar buenas indicaciones es hacer buenas preguntas. Y hacer buenas preguntas es buscar la claridad, la curiosidad y el discernimiento, virtudes que se han cultivado durante mucho tiempo en las tradiciones teológicas. Así como la reflexión teológica se ve influenciada por cómo se formula una pregunta —ya sea doctrinal, bíblica, pastoral o ética—, la calidad de una respuesta generada por IA también depende de cómo se construye la indicación.

Este capítulo está dirigido a educadores, investigadores, estudiantes y líderes de instituciones teológicas que desean utilizar las herramientas de IA de forma fiel y práctica. No ofrece una visión general teórica de la inteligencia artificial, sino una guía práctica para elaborar mejores propuestas para el estudio, la enseñanza, la escritura y la formación teológica.

Por qué la ingeniería rápida es importante en el trabajo teológico

La inteligencia artificial puede ayudar a la educación teológica más profundamente en dos momentos cruciales: al comienzo de un proyecto y al final.

Al principio, la IA puede ayudar a estimular la curiosidad, mapear un campo de investigación, descubrir conexiones ocultas y organizar ideas iniciales. Con unas pocas indicaciones bien elaboradas, se pueden generar diversas preguntas, comparar posturas entre tradiciones o visualizar cómo una doctrina como la encarnación se relaciona con temas como la personificación, el sufrimiento y la justicia.

Al final de un proyecto, la IA puede servir como revisor y refinador. Puede identificar lagunas en la argumentación, sugerir mejoras en las transiciones, ayudar a aclarar la redacción teológica e incluso verificar la coherencia del tono, ofreciendo un espejo que ayuda al escritor a pulir lo que ya se ha compuesto con cuidado.

En ambos casos, el usuario sigue siendo responsable. La IA no puede decidir qué es importante. No puede orar, interpretar las Escrituras desde la perspectiva de la fe ni comprender el significado espiritual de un argumento teológico. Pero puede servir como una herramienta receptiva, flexible y sumamente eficaz para quienes están comprometidos con la profundidad teológica y la excelencia educativa.

La anatomía de un buen mensaje

La ingeniería de indicaciones depende de la claridad de la instrucción, el contexto y el propósito.

Una indicación bien construida suele contener cuatro elementos clave:

Instrucción – ¿Cuál es la tarea?

Contexto – ¿Cuál es el tema, asunto o género?

Restricciones: ¿Qué limitaciones o especificaciones deberían guiar el resultado?

Perspectiva o rol: ¿Desde qué voz, trasfondo o lente disciplinario debería responder la IA?

Cuanto más reflexivamente se elabore una consigna, más útil será la respuesta. A continuación, se presentan ejemplos específicos que demuestran estos principios en acción, adaptados a tareas comunes en la educación teológica.

Ejemplo 1: Interpretación bíblica: propuesta general vs. propuesta específica

Indicación básica:

"Explica el libro del Apocalipsis".

Indicación mejorada:

"Como erudito bíblico que escribe para un público de seminario, resume los principales temas teológicos del Apocalipsis en 300 palabras, con especial atención a las imágenes apocalípticas y el estímulo pastoral".

Explicación:

El tema mejorado incluye un rol (estudioso bíblico), una audiencia clara (seminario), una tarea (resumir), una restricción (300 palabras) y un enfoque (temas, imágenes, motivación). Esta especificidad ayuda a evitar un texto genérico o sensacionalista.

Ejemplo 2: Comparación doctrinal: motivación para el análisis

Indicación básica:

"Compare las teorías de la expiación".

Indicación mejorada:

Compare las teorías de la expiación sobre la sustitución penal y la influencia moral en 500 palabras. Presente cada perspectiva de forma justa e incluya un teólogo histórico asociado con cada una.

Explicación:

Al solicitar imparcialidad, un recuento de palabras y ejemplos históricos, la solicitud dirige a la IA hacia contenido estructurado y comparativo adecuado para uso académico.

Ejemplo 3: Aplicación ética – Incitación contextual

Indicación básica:

¿Qué dice la Biblia sobre la justicia?

Indicación mejorada:

Desde la perspectiva de la literatura profética del Antiguo Testamento, describa cómo se enmarca el concepto de justicia en Amós y Miqueas. Limite su resumen a 250 palabras y enfatice las implicaciones para la ética económica actual.

Explicación:

Esta propuesta proporciona un enfoque temático claro (profetas), alcance (Amós y Miqueas) y aplicación (ética económica), lo que hace que la respuesta sea mucho más utilizable en el aula o en la preparación de sermones.

Ejemplo 4: Teología patrística: un estímulo para la síntesis histórica

Indicación básica:

"¿Quién es Agustín?"

Indicación mejorada:

Resuma la visión de Agustín sobre la gracia y el libre albedrío, tal como se presenta en sus escritos contra Pelagio. Use un tono adecuado para estudiantes de teología de posgrado y mantenga la explicación en menos de 400 palabras.

Explicación:

La tarea está ubicada históricamente, el tema (la gracia y el libre albedrío) está especificado y la audiencia y el tono están definidos.

Ejemplo 5: Adaptación estilística y devocional

Solicitud de ajuste de tono estilístico:

"Reescribe este párrafo para hacerlo más meditativo y adecuado para una reflexión devocional, manteniendo intactas las ideas teológicas".

Indicación para el cambio de audiencia:

"Simplifique esta explicación de la pericoresis para utilizarla en una clase de educación para adultos".

Explicación:

Estas indicaciones piden a la IA que ajuste no el contenido, sino el estilo, el tono y la accesibilidad, aspectos cruciales para la enseñanza y la formación en distintos contextos.

Ejemplo 6: Refinamiento iterativo

A menudo, las mejores respuestas surgen de una serie de indicaciones en lugar de una sola. Por ejemplo:

Paso 1: "Esboza cinco temas teológicos clave en el Evangelio de Lucas".

Paso 2: "Amplíe el tercer tema en un párrafo completo con referencias bíblicas".

Paso 3: "Resume ese párrafo en una oración para usarla en la introducción de un sermón".

Esta estrategia iterativa refleja el flujo real de la escritura y la formación académica: explorar, profundizar, destilar.

La ingeniería de indicaciones no consiste en encontrar la indicación perfecta. Se trata de cultivar hábitos de cuestionamiento, refinamiento y replanteamiento. Estos también son hábitos teológicos. Cuando creamos mejores indicaciones, aprendemos no solo a usar una máquina con mayor eficacia, sino también a pensar con mayor claridad, escribir con mayor honestidad y enseñar con mayor atención.

Los capítulos que siguen se basarán en esta base al recorrer paso a paso las actividades centrales de la educación y la investigación teológica (escritura, edición, enseñanza y formación), cada una con sus propias estrategias de motivación, ejemplos y mejores prácticas.

Capítulo 15
Impulso a la investigación y la escritura teológica

La ingeniería de prontitud puede ser una de las herramientas más poderosas a su disposición en la investigación teológica. Bien utilizada, ayuda a generar preguntas, comparar puntos de vista, abordar textos y esbozar argumentos con claridad y profundidad teológica.

Ya sea que estés en la etapa de lluvia de ideas o refinando la estructura de tu tesis, la clave está en cómo preguntas. Este capítulo te ofrece estrategias de incitación listas para usar para el trabajo teológico real.

Impulso para generar preguntas de investigación

Cuando recién estás empezando, unos buenos estímulos pueden ayudarte a pasar de intereses vagos a preguntas teológicas más concretas.

Pruebe sugerencias como:

"Enumere cinco preguntas teológicas relacionadas con el tema de la esperanza en Romanos".

"Generar tres preguntas de investigación sobre la doctrina de la creación en contextos teológicos africanos".

"¿Cuáles son algunas cuestiones teológicas poco exploradas en Lucas-Hechos?"

Mejores prácticas:

Incluya su tradición o contexto (por ejemplo, "teología de la liberación", "fuentes patrísticas")

Limitar el alcance: centrarse en textos o doctrinas específicas

Pida una variedad de perspectivas

Impulso a comparar puntos de vista teológicos

Comparar posturas teológicas es un componente clave de la escritura académica. Utilice indicaciones que obliguen a la IA a estructurar la comparación con cuidado.

Ejemplos:

Compare las perspectivas de Agustín y Pelagio sobre la gracia y el libre albedrío. Incluya referencias bíblicas.

"¿En qué se diferencian Martín Lutero y Juan Wesley en su comprensión de la santificación?"

"Crea un cuadro comparando tres teorías principales de expiación: sustitución penal, influencia moral y *Christus Victor*".

Consejos:

Pide imparcialidad: "Presenta cada punto de vista objetivamente"

Incluir dimensiones históricas, pastorales o doctrinales

Considere sugerencias de seguimiento como: "¿Cuál es el punto de vista más predominante en la homilética moderna?"

Incitación a resumir textos clásicos

Las obras teológicas densas pueden ser difíciles de digerir. Utilice indicaciones para extraer los argumentos centrales y luego aclararlos para su audiencia.

Ejemplos:

"Resume el argumento principal del *Cur Deus* de Anselmo Homo en 250 palabras para un estudiante de posgrado".

"¿Cuál es la enseñanza central del discipulado de Bonhoeffer sobre la gracia costosa?"

"Resuma los cinco caminos de Aquino en un lenguaje académico sencillo".

Refinamientos:

" Ahora explique este resumen a un grupo de estudio bíblico de adultos laicos".

"Dé tres implicaciones pastorales de la visión de Bonhoeffer sobre el discipulado".

Incitación a simular el diálogo académico

Utilice indicaciones para crear contraste y debate. Esto es ideal para preparar debates en clase, ensayos o la elaboración de marcos de investigación.

Ejemplos:

"Presente un debate entre Karl Barth y un teólogo del proceso sobre la inmutabilidad divina".

"Resumir dos puntos de vista opuestos sobre la ordenación de mujeres, utilizando argumentos teológicos y bíblicos".

Eres un eticista católico del siglo XX. Responde a una crítica de la ley natural de un teólogo de la liberación.

Estrategia avanzada: (Crear una cadena de indicaciones)

"Resuma la visión de Barth sobre la revelación".

"Ahora critique esa visión desde una perspectiva teológica feminista".

"Proponer una síntesis que aborde ambas preocupaciones".

Incitación a crear y refinar esquemas

El esquema es donde la IA puede ayudarte a dar forma a tus ideas dispersas. Pídele que sugiera una estructura y luego adáptala.

Ejemplos:

"Crea un esquema detallado para un ensayo de 3000 palabras sobre el Espíritu Santo en Lucas-Hechos".

"Organiza un trabajo comparando la teología sacramental en Oriente y Occidente en cinco secciones".

" Elaborar un esquema de conferencia sobre la justicia divina en los Profetas Menores".

Hazlo mejor con restricciones:

"Incluya introducción y conclusión".

"Sugiera 1 o 2 fuentes clave para cada sección".

"Agregue una pregunta de discusión para cada sección".

Impulso a explorar teologías desde perspectivas globales y marginadas

La IA puede ayudar a sacar a la luz perspectivas que a veces están subrepresentadas, si se la estimula con cuidado.

Ejemplos:

"Enumere tres temas principales de la teología de la liberación latinoamericana".

¿Cómo han respondido los teólogos africanos al Libro de Job?

"Resumir las interpretaciones feministas asiáticas del Magnificat".

Tenga cuidado:

Verifique los teólogos y las fuentes mencionadas

Pide nombres, fechas y citas que puedas seguir tú mismo.

Nunca trates a la IA como una fuente final: úsala como un indicador

Impulso a la integración interdisciplinaria

La investigación teológica a menudo se integra con la ética, la filosofía y la ciencia. La incitación puede ayudar a generar vínculos creativos.

Ejemplos:

" ¿Cómo se relaciona el concepto de imago Dei con los debates actuales en la ética de la IA?"

"¿Qué podría aportar la ciencia cognitiva a la teología sacramental?"

"Enumere tres implicaciones de la teología ecológica para la predicación escatológica".

Indicaciones para el andamiaje bibliográfico (¡ *Úselo con precaución!*)

La IA puede sugerir fuentes, pero a menudo alucina o inventa referencias. Úsala para generar ideas, no para citar.

Indicaciones seguras:

"¿Qué teólogos se asocian comúnmente con la teología política?"

"Nombra algunos pensadores recientes que hayan escrito sobre pneumatología en las tradiciones pentecostales".

"Enumere los principales libros que exploran la recepción intercultural del Evangelio de Juan".

Instrucciones de seguimiento:

"Dé una o dos oraciones de descripción del trabajo principal de cada teólogo sobre este tema".

Importante: Verifique siempre cada cita o fuente sugerida de forma independiente.

Recordatorios finales para impulsar la investigación y la escritura

- Indique de forma clara y específica: no asuma que el modelo conoce su contexto.
- Utilice indicaciones basadas en roles para moldear la perspectiva: "Usted es un especialista en ética reformada…"
- Desarrollar indicaciones de forma iterativa: preguntar, ajustar, profundizar
- Utilice la IA para estimular, no sustituir, su propio pensamiento teológico
- Recuerda: Tú eres el teólogo. La IA es una herramienta, no un maestro ni un oráculo.

A continuación, abordaremos el otro extremo del proceso de escritura: cómo la ingeniería de indicaciones puede ayudarte a revisar, refinar y perfeccionar la escritura teológica para lograr claridad, tono y coherencia. La incitación no solo sirve para generar ideas. También sirve para pulir tus mejores ideas hasta que estén listas para enseñar, predicar o publicar.

Capítulo 16
Impulso para la mejora de la escritura y la comunicación teológica

Una vez redactada la investigación, el trabajo no ha terminado; apenas comienza. Revisar los escritos teológicos implica afinar la lógica, mejorar la claridad, ajustar el tono y asegurar que las ideas teológicas se comuniquen con fidelidad y eficacia. Aquí es donde la ingeniería de tiempos puede destacar.

La IA no puede juzgar la verdad, pero puede ayudarte a escribir con mayor claridad, precisión y convicción. En este capítulo, aprenderás a usar indicaciones para mejorar la estructura de las oraciones, revisar la fluidez y las transiciones, revisar el tono y corregir el contenido teológico.

Impulsando la claridad y la legibilidad

Una buena escritura teológica debe ser profunda, pero también clara. Utilice indicaciones para simplificar oraciones complejas, aclarar ideas y eliminar la jerga, sin perder profundidad.

Pruebe sugerencias como:

"Reescribe este párrafo para hacerlo más claro sin perder precisión teológica".

"Simplifique esta explicación de la pericoresis para un estudiante de seminario de segundo año".

"Divide esta oración larga en dos más cortas conservando el significado".

Ejemplo:
Original:
"La visión escatológica de Isaías, arraigada en oráculos proféticos de restauración, anticipa una reconciliación cósmica que resiste la reducción al dualismo apocalíptico".

Inmediato:
"Simplifique esto para un lector con formación teológica pero no especialista".

Salida de IA (muestra):
La visión de Isaías del fin de los tiempos apunta a un mundo restaurado. Enfatiza la sanación y la plenitud, sin caer en una narrativa simplista del bien contra el mal.

Solicitud para revisar el flujo y la estructura del párrafo
Incluso las ideas bien formadas pueden parecer inconexas si las transiciones son deficientes. Usa IA para analizar el orden, la coherencia y la estructura de los párrafos.

Ejemplos:
¿Este párrafo se deriva lógicamente del anterior? Sugiera una oración de transición si es necesario.
"Reorganiza este párrafo para enfatizar más claramente el punto principal del argumento".
"Sugiera una mejor manera de abrir esta sección".

Consejo adicional: agrega "Explica tu razonamiento" a tu mensaje para aprender cómo la IA tomó su decisión: excelente para enseñar y aprender.

Impulso para el tono: académico, pastoral o devocional

La teología está escrita para diversos públicos. Use indicaciones para ajustar el tono sin alterar el contenido.

Tipos de tonos comunes:

Académico: claro, formal, referenciado

Pastoral – cálida, práctica, relacional

Devocional – meditativo, reflexivo, personal

Ejemplos de indicaciones:

"Reescribe esta sección en un tono académico para una revista de teología".

"Adapte este párrafo para que sea apropiado para una homilía del Viernes Santo".

"Reformule esto en un tono más contemplativo, apropiado para una guía devocional".

Ejemplo de antes y después:

Original (académico):

"Los temas soteriológicos en el Evangelio de Lucas reflejan una interacción dinámica entre el arrepentimiento personal y la liberación social".

Inmediato:

"Haga que este tono sea más pastoral para usarlo en un estudio bíblico".

Salida (muestra):

En el Evangelio de Lucas, vemos cómo la obra salvadora de Dios transforma corazones y sana comunidades. El perdón conduce a la libertad, tanto personal como social.

Indicaciones para eliminar la repetición y reforzar el lenguaje

La repetición debilita la escritura. La IA puede ayudar a detectar redundancias y a ajustar la redacción.

Indicaciones para probar:

"Identifique ideas o frases repetidas en este párrafo y sugiera modificaciones".

"Haga esta sección más concisa manteniendo el significado teológico".

"Reducirlo en un 30% sin perder matices".

Tarea de edición de muestra:

Este párrafo repite la misma idea sobre la gracia tres veces. Sugiero una versión más concisa.

Inspiración para introducciones y conclusiones

La IA puede ayudar a generar ideas para aperturas y cierres más sólidos.

Indicaciones para las presentaciones:

"Sugiera una introducción interesante para un ensayo teológico sobre la Trinidad".

"Escribe un texto introductorio de dos oraciones para un trabajo sobre la ética de la no violencia".

Sugerencias para las conclusiones:

"Resuma el argumento y explique por qué es importante para la teología práctica actual".

"Sugiera un párrafo final que indique un estudio más profundo de la escatología".

Solicitud de corrección de textos y verificación de estilo

La IA puede escanear la gramática, la puntuación y la coherencia de la voz, pero siempre verifica dos veces.

Pruebe sugerencias como:

Revise esta sección para comprobar la gramática y la claridad. Mantenga un tono académico formal.

"¿Hay alguna inconsistencia en el tiempo verbal o alguna oración poco clara?"

"Revisa esto para la voz pasiva y sugiere dónde usar verbos activos".

Precaución: Evite las indicaciones del tipo "reescribir todo el texto" a menos que solo esté revisando la mecánica. Siempre proteja su propia voz teológica.

Incitación para simular la recepción de la audiencia

Puedes usar indicaciones para imaginar cómo podría responder un lector. Esto es especialmente útil para la escritura en el aula, sermones o ensayos públicos.

Indicaciones para probar:

"¿Cómo podría responder un estudiante de seminario de primer año a esta explicación de la trascendencia divina?"

"¿Qué preguntas podría tener un lector común después de leer este párrafo sobre la elección?"

¿Qué partes de este sermón podrían resultar confusas o demasiado académicas?

Solicitud de recordatorios de citas y notas al pie

Es posible que la IA no cite con precisión, pero puede recordarle dónde es necesario citar.

Indicaciones seguras:

"Sugiera dónde se podrían agregar notas a pie de página para respaldar estas afirmaciones".

"¿Qué obras o autores teológicos deberían citarse para apoyar las ideas de este párrafo?"

"Enumere tres teólogos importantes que hayan escrito sobre este tema para que pueda darle seguimiento".

Recuerde: verifique siempre los nombres, títulos y citas generados por IA.

Consejos finales para la revisión teológica

- Utilice indicaciones breves y específicas: un párrafo a la vez es lo mejor.
- Pídale a la IA que explique sus sugerencias:" ¿Por qué recomendó este cambio? "
- Mantenga el control sobre el tono y la voz: su identidad teológica importa.
- No borre la complejidad; utilice indicaciones para aclarar, no para aplanar, su argumento.
- Practique las capas de indicaciones: revise, repasar y volver a verificar la coherencia.

La IA no puede pensar por ti, pero puede ayudarte a fortalecer tus ideas, a que tu escritura sea más clara y a que tu comunicación teológica sea más convincente. A medida que continúas desarrollando tu voz como académico, predicador o docente, permite que la ingeniería de indicaciones forme parte de tus herramientas de revisión, no para reemplazar el discernimiento, sino para apoyarlo.

A continuación, nos centraremos en el aula y la comunidad: cómo impulsar la enseñanza, la formación y la participación de los estudiantes en la educación teológica.

Capítulo 17
Impulso a la enseñanza, la formación y la práctica teológica en el aula

La ingeniería rápida no se limita a la investigación y la escritura. También abre importantes oportunidades en el aula, el currículo y la formación espiritual del alumnado. *Si se utiliza con inteligencia, la IA puede ayudar a los educadores a crear materiales, capacitar al alumnado en razonamiento teológico y modelar el discernimiento en un mundo digital en constante evolución* .

Este capítulo muestra cómo:

- Asignaciones de diseño teniendo en cuenta la IA;
- Utilice indicaciones para generar planes de lecciones, ayudas de lectura y estudios de casos;
- Equipar a los estudiantes para escribir y analizar indicaciones de manera crítica; y
- Cultivar la reflexión teológica y el discernimiento vocacional a través de tareas mejoradas con IA.

Impulsando el diseño de tareas teológicamente ricas

La IA puede ayudarle a generar o perfeccionar rápidamente tareas adaptadas a diferentes niveles y objetivos de aprendizaje.

Pruebe sugerencias como:

"Crear una tarea de tres partes sobre la doctrina de la creación para un curso de teología de nivel MDiv".

"Diseñe una actividad en el aula que explore el uso de los salmos de lamentación en el cuidado pastoral".

"Sugiera tres preguntas de ensayo sobre el concepto del reino de Dios en el Evangelio de Marcos".

Refinamientos:

Añadir objetivos de aprendizaje: "Incluir objetivos alineados con la taxonomía de Bloom".

Añadir métodos de evaluación: "Sugerir una rúbrica de calificación para esta tarea".

Tema del ensayo: "Compare y contraste dos interpretaciones teológicas de *la kenosis* en Filipenses 2. ¿Cómo podría cada una de ellas moldear la comprensión de una comunidad sobre el poder y la humildad?"

Estudio de caso: "Escriba un escenario en el que un pastor debe responder a la pregunta de un congregante sobre el infierno, reflejando dos enfoques teológicos principales".

Impulso para crear planes de lecciones, conferencias y guías

Deje que la IA le ayude con los primeros borradores de la preparación del curso, especialmente los esquemas, las pautas de lectura y la formulación de preguntas.

Ejemplos de indicaciones:

"Generar un esquema de conferencia de 45 minutos sobre el desarrollo de la doctrina trinitaria en la iglesia primitiva".

"Escribe un conjunto de cinco preguntas para debatir sobre el Sermón del Monte que se relacionen con cuestiones éticas contemporáneas".

"Crea un cuadro comparativo de la teología del pacto en Génesis, Éxodo y Deuteronomio".

Consejos:
Pregunte por los resultados del aprendizaje: "¿Qué deberían comprender los estudiantes al final de esta sesión?"

Indique a la IA que evalúe la dificultad: "Enumera 3 preguntas de calentamiento y luego 2 desafíos más profundos".

Impulso para la elaboración de ayudas de lectura y guías de estudio

Ayude a los estudiantes a involucrarse profundamente con los textos utilizando guías generadas por IA que aclaran, contextualizan y provocan el debate.

Ejemplos:
"Resuma La cruz y el árbol del linchamiento de James Cone en 300 palabras para estudiantes de teología de segundo año".

"Enumere los términos clave del Castillo Interior de Teresa de Ávila y defínalos en un lenguaje académico sencillo".

"Crear una guía de estudio para el Salmo 139 que resalte temas teológicos y aplicaciones pastorales".

Seguimientos opcionales:
"Ahora agregue dos preguntas de reflexión para cada tema".

"Incluya una breve oración o ejercicio espiritual relacionado con esta lectura".

Impulsando la formación de estudiantes en ingeniería de vanguardia

Enseñar a los estudiantes a elaborar, refinar y evaluar indicaciones les ayuda a pensar con más claridad y ética.

Objetivos de aprendizaje de los estudiantes:

Formular mejores preguntas teológicas

Analizar críticamente los resultados de la IA

Reflexionar sobre su propia voz y autoridad como teólogos

Tareas que funcionan:

Diarios de sugerencias: "Cada semana, registre dos sugerencias que utilizó en la investigación y reflexione sobre su utilidad".

Comparación de indicaciones: "Dé a los estudiantes dos versiones de una indicación. Pídales que comparen la calidad de sus respuestas".

Indicación + crítica: "Pida a la IA un resumen de Lutero sobre la justificación. Luego, pida a los estudiantes que evalúen la precisión teológica del resumen".

Ejemplo de práctica con indicaciones para estudiantes: "Pida a AI que explique el Credo de Nicea en tres tonos diferentes: (1) catequético, (2) académico y (3) pastoral".

Redacta una propuesta que pida tres interpretaciones de Romanos 9. Luego, compara los resultados con comentarios reales.

Impulso para modelar el compromiso ético y formativo

Los educadores moldean la imaginación de los estudiantes al demostrar que la IA es una herramienta para apoyar, no reemplazar, la formación.

En la enseñanza, demostrar cómo:

Utilice la IA para explorar diversos puntos de vista, no para aplanar la complejidad

Incitación a profundizar en las preguntas, no a obtener "la respuesta"

Reconocer sesgos, lagunas o resúmenes genéricos

Ejemplos de indicaciones para modelar:

Enumere tres maneras en que la visión agustiniana del mal podría ser relevante para la teología del trauma actual. Indique las limitaciones.

¿Cómo podrían un teólogo reformado y uno pentecostal responder de manera diferente a Hechos 2? Muestre ambas voces de manera justa.

"Ofrecer dos reflexiones pastorales sobre el ocultamiento divino que reflejen diferentes tradiciones espirituales".

Uso en la formación espiritual:

"Generar una reflexión sobre *la kenosis* (Filipenses 2) al estilo de una entrada de diario de oración".

"Enumere tres disciplinas espirituales que corresponden a la teología de la hospitalidad en el Evangelio de Lucas".

Ideas de reflexión para los estudiantes:

"¿Cómo afectó el uso de IA en esta tarea a tu propio aprendizaje, voz o confianza?"

"¿Qué crees que entiende la IA —y qué no entiende— sobre la fe?"

Impulsando aulas diversas y compromiso intercultural

Para aulas diversas y globales, la ingeniería rápida puede ayudar a contextualizar el contenido y abrir nuevos diálogos.

Indicaciones para adaptar las lecturas:

"Reescriba esta definición de justificación para estudiantes de inglés como segundo idioma en un curso de escritura teológica".

"Resuma este artículo en francés e incluya un glosario de términos clave".

Enumere tres teólogos africanos o asiáticos que hayan escrito sobre el Espíritu Santo. Resuma brevemente sus opiniones.

Sugerencias para la teología comparada:

Compare la doctrina de la creación en el pensamiento ortodoxo, indígena e islámico. Observe las áreas de coincidencia y las diferencias.

"Generar preguntas para el diálogo interreligioso sobre la dignidad humana y la imagen de Dios".

Indicaciones didácticas finales a tener en cuenta

- Utilice indicaciones para expandir, no aplanar, la imaginación teológica de sus estudiantes;
- Invitar a la IA a apoyar rutas de aprendizaje personalizadas y acceso multilingüe;
- Considere la elaboración de textos concisos como un ejercicio de claridad, humildad y curiosidad;
- Utilice el tiempo de clase para el análisis crítico de los resultados de la IA, no solo de su uso; y
- Capacitar a los estudiantes para que orienten con convicción y evalúen con cuidado.

La IA ya forma parte del aula teológica. La pregunta no es si se usará, sino cómo. La ingeniería rápida nos permite moldear su función, fomentar la formación mediante el diálogo y enseñar con innovación e integridad.

Con un uso cuidadoso, la IA deja de ser una amenaza para convertirse en una herramienta para los educadores teológicos, ampliando el acceso, invitando a la reflexión y ayudando a la próxima generación a plantear preguntas más agudas en la búsqueda de la sabiduría.

¿Le gustaría un banco de tareas con indicaciones o un esquema de taller de desarrollo docente basado en este capítulo? ¿O deberíamos incluirlo en un kit de herramientas didácticas para complementar el borrador completo del libro?

Apéndice
Ejemplo de política institucional de IA para la educación teológica

Objetivo

Esta política describe el uso adecuado de las herramientas de inteligencia artificial (IA) en el trabajo académico y la vida institucional. Refleja el compromiso de la institución con la integridad académica, la formación espiritual, la confianza comunitaria y la excelencia educativa en un panorama tecnológico en rápida evolución.

1. Valores rectores

Nuestra institución afirma que:

La tecnología es una herramienta que debe utilizarse al servicio de la sabiduría y no un sustituto de la percepción humana ni del discernimiento espiritual.

El trabajo académico debe reflejar el compromiso, la voz y el crecimiento auténticos del estudiante.

La formación es relacional, reflexiva y encarnada; la IA no debe reemplazar la presencia esencial del docente, el estudiante y la comunidad.

2. Uso de IA por parte de los estudiantes
a. Usos permitidos

Los estudiantes pueden usar herramientas de inteligencia artificial (por ejemplo, ChatGPT, Grammarly, herramientas de traducción) para generar ideas, corregir gramática, resumir contenido de fondo o ayudar con el formato, a menos que el instructor del curso lo restrinja.

Los estudiantes deben reconocer cualquier uso significativo de IA en la realización de las tareas (ver Sección 5).

b. Usos prohibidos

Presentar trabajo generado por IA como propio sin revisión, cita o permiso del instructor.

Usar IA para completar evaluaciones diseñadas para evaluar el pensamiento, la interpretación o la reflexión original (por ejemplo, ensayos, sermones, reflexiones teológicas) sin aprobación explícita.

Utilizar IA para eludir los objetivos de aprendizaje o engañar a los instructores sobre la naturaleza de la participación de los estudiantes.

3. Uso de IA por parte del profesorado

Se anima al personal docente a explorar el potencial pedagógico de las herramientas de IA, entre ellas:

- Mejorar la accesibilidad o diferenciación en los materiales del curso.
- Generar contenidos didácticos complementarios.
- Apoyar el diseño o traducción curricular.

El personal docente debe modelar el uso transparente y ético de la IA y revelar su uso en el diseño de programas de estudio, la creación de tareas o los procesos de retroalimentación cuando sea pertinente.

4. Responsabilidades institucionales

La institución brindará oportunidades de desarrollo continuo al personal docente para interactuar con la IA de manera crítica y creativa.

Se pondrán a disposición recursos, ejemplos de programas de estudios y talleres para estudiantes para fomentar un compromiso consistente, transparente y alineado con los valores con la IA.

Los funcionarios o comités de integridad académica revisarán esta política anualmente a la luz de los cambios tecnológicos y los comentarios de la comunidad.

5. Directrices de divulgación

Cuando los estudiantes o el personal docente utilicen IA en el desarrollo de contenido académico o instructivo, deberán revelar dicho uso con una declaración clara, como por ejemplo:

[nombre de la herramienta] generó o asistió en partes de esta tarea, incluyendo ayuda con [p. ej., resumen, estructura del esquema, sugerencias gramaticales]. Todo el contenido ha sido revisado y editado para reflejar mi propia comprensión.

Se requiere la divulgación siempre que la IA contribuya sustancialmente a la forma o el contenido del trabajo. La falta de divulgación puede considerarse una violación de la integridad académica.

6. Violaciones y rendición de cuentas

Las infracciones a esta política se abordarán mediante los procedimientos de honestidad académica existentes, que incluyen oportunidades de reflexión, reparación y medidas disciplinarias, según corresponda. El objetivo de su aplicación no es el castigo, sino el restablecimiento de la confianza y el cumplimiento de los compromisos compartidos.

7. Reflexión teológica y ética

Esta institución fomenta el diálogo continuo sobre las implicaciones teológicas, éticas y pastorales de la inteligencia artificial. Afirmamos que:

La tecnología nunca debe sustituir el trabajo de presencia, de oración o de discernimiento comunitario.

La persona humana, hecha para la relación, no puede reducirse a resultados o datos.

El llamado a la verdad sigue siendo central en la vocación de enseñar y aprender.

Glosario de términos clave

Integridad académica

El compromiso con la honestidad, la confianza y la equidad en el trabajo académico. En el contexto de la IA, incluye directrices claras sobre cuándo y cómo se pueden usar o citar las herramientas de IA.

Algoritmo

Un conjunto de reglas y procedimientos matemáticos que permiten a una computadora procesar datos, reconocer patrones y tomar decisiones. Constituye la base de cómo los sistemas de IA aprenden, se adaptan y resuelven problemas en diversas tareas.

Inteligencia artificial (IA)

El amplio campo de la informática centrado en el desarrollo de sistemas que puedan realizar tareas que normalmente requieren inteligencia humana, como reconocer el habla, interpretar el lenguaje, generar texto o tomar decisiones basadas en datos.

Conjunto de datos

Un conjunto de datos es una colección estructurada de información que se utiliza para análisis, entrenamiento o referencia. En IA, suele consistir en ejemplos etiquetados o no etiquetados (como texto, imágenes o números) organizados para ayudar a los modelos a aprender patrones, hacer predicciones o realizar tareas basándose en información real o simulada.

Incrustar

Un método para convertir tokens en vectores numéricos, lo que permite a la IA representar palabras o conceptos en un espacio matemático basado en relaciones contextuales.

IA generativa

Sistemas de IA capaces de crear contenido nuevo (texto, imágenes, música, código) basados en patrones aprendidos a partir de datos de entrenamiento.

Modelo de lenguaje grande (LLM)

Un tipo de sistema de IA entrenado con cantidades masivas de texto para predecir y generar lenguaje. Algunos ejemplos son GPT-4, Claude y Gemini. Estos modelos simulan respuestas humanas, pero no comprenden el contenido en sentido humano.

Aprendizaje automático (ML)

Un subconjunto de la IA en el que los sistemas aprenden de patrones en los datos en lugar de ser programados explícitamente. El aprendizaje automático (ML) es la base de la mayoría de las aplicaciones modernas de IA, incluyendo modelos de lenguaje y sistemas de recomendación.

Inmediato

La entrada o instrucción que un usuario proporciona a un modelo de IA para generar una respuesta. Las indicaciones pueden ser preguntas, comandos o descripciones.

Ingeniería rápida

La práctica de elaborar preguntas o entradas eficaces para guiar las respuestas de un modelo de IA. Al diseñar cuidadosamente las indicaciones, los usuarios pueden influir en la calidad del resultado, garantizando la relevancia, la claridad y la precisión en tareas como la escritura, la programación, la docencia o la investigación.

Aprendizaje por refuerzo a partir de la retroalimentación humana (RLHF)
Un método para refinar el comportamiento de la IA entrenándola con la retroalimentación de evaluadores humanos que clasifican o califican sus respuestas, con el objetivo de mejorar la utilidad y reducir el daño.

Formación espiritual
El proceso de crecimiento en sabiduría, carácter y fe, a menudo logrado mediante prácticas de estudio, oración, servicio y reflexión. En la educación teológica, la formación es tanto personal como comunitaria.

Discernimiento tecnológico
La práctica de evaluar críticamente los usos, riesgos e implicaciones espirituales de las herramientas tecnológicas, especialmente en entornos educativos y pastorales.

Tokenización
El proceso de descomponer el texto en unidades (tokens), como palabras o subpalabras, que pueden ser procesadas por los modelos lingüísticos. Los tokens se asignan posteriormente a valores numéricos para su análisis computacional.

Capacitación
El proceso de enseñar a un modelo a reconocer patrones exponiéndolo a grandes cantidades de datos. Mediante análisis repetidos, el modelo ajusta

parámetros internos para mejorar su rendimiento en tareas específicas, como la comprensión del lenguaje o el reconocimiento de imágenes.

Arquitectura del transformador

El diseño de red neuronal, base de la mayoría de los LLM avanzados, utiliza mecanismos de atención para procesar y generar lenguaje, lo que permite que los modelos consideren las relaciones entre todas las partes de una oración o pasaje.

Vector

La representación numérica de datos (como palabras, imágenes o sonidos) que utilizan los modelos de IA para comprender relaciones y patrones. Los vectores permiten procesar matemáticamente información compleja, lo que facilita tareas como la comparación de similitudes, la agrupación y el razonamiento semántico.